不登校・ニート・引きこもり

家族が変わるとき

家族支援メンタルサポート協会 理事長
森 薫

学びリンク

〈まえがき〉

苦戦する家族が増え続けています。

幸せになるために家族となったはずなのに、幸せとは真逆の悲劇に見舞われている家族も少なくありません。胸が痛みます。


何が家族をそうさせてしまうのでしょうか？

その背景には、ある特別な気質に対する無理解があります。そのために家族同士がすれ違い、負のスパイラルに陥ってしまうのです。

私はその気質をスペシャルタレント気質（ＳＴ気質）と名づけ、その気質の持ち主たちをスペシャルタレントと呼んでリスペクトしてきましたが、一般的には発達障害と否定的な呼称で呼ばれることが多く、そのことが家族を苦しめています。

スペシャルタレントの人々は、優れた五感力、豊かな創造力、興味・関心のあることへの無類の集中力など、社会の多方面で活躍できる能力を内包しています。
一方、マイペースで人に合わせることができず、ストレートな発言をしやすいなど、人間関係構築能力に弱さがあります。

これらの気質が、家族や属するコミュニティに肯定的に理解され、応援団の役割を果たしてもらえれば、自信をもって社会に出て行くことができ、人々の尊敬を集めるような仕事が可能になるのです。

しかし、家族や属するコミュニティがこの気質の否定面にのみ目が向き、意欲を喪失するようなメッセージを浴びせ続けたり、この気質の肯定部分を引き出すことができなければ、属するコミュニティで適応できずに家庭に引きこもったり、精神的に病むことも少なくありません。

私はすべての家族が幸せであってほしいと願って家族支援を続けてきました。笑顔を失ってしまっている家族に笑顔を取り戻してほしいのです。

〝家族の否定面ばかりを見ないで、少し視点を切り替えてみませんか〟
〝家族の得意を見つけて、お互い同士で家族応援団になりましょう!〟
〝ST気質というフィルターを通して見れば、家族が理解しあえます〟

この本はすべてがカウンセリング形式になっています。自分が実際にカウンセリングの場にいるつもりで読んでください。

きっと家族が変わる解決策が見えてくると思います。

森　薫

(※本書の事例は多くの事例を参考にしたもので、個別の事例ではありません)

『不登校・ニート・引きこもり　家族が変わるとき』
もくじ

第2章 心と身体のバランスが崩れた〈中高生〉

第3章 社会に適応できない〈大人たち〉

第1章

ほかの子とちょっと違う〈小学生〉

1

場面緘黙《かんもく》の小一女子

「小一の女の子ですが、学校では一言もしゃべらないんです」

「緘黙《かんもく》ですか」

「はい、家ではしゃべりすぎるほどしゃべるんですけど……」

「じゃあ、場面緘黙ということですね?」

「そうだと思います」

「学校でしゃべらなくなったのはいつからですか？」

「入学してすぐからですね」

「それ以前はしゃべっていたんですか？」

「しゃべると言っても、幼稚園でもほとんど聞き取れないぐらいの声でした……」

「家ではしゃべれて学校ではしゃべれないというのは、しゃべることで不利益をこうむりたくないという、心のブレーキがかかっているからでしょう。何かきっかけになったと思われる出来事はありませんでしたか？」

「幼い頃から、家族以外の人間と話すことには強い抵抗を示す子どもでしたが、具体的に何かと言われると思いあたりません」

「何かこだわりの強さを感じたことはありますか？」

「それはしょっちゅうでした。**着るものは気に入ったものを一か月でも着続けますし、お気に入りのシャンプーが変わったといっては、髪を洗わなくなったり、牛乳のメーカーがいつものものと変わると頑として受けつけません**でした」

「夜泣きなどは？」

「はい、激しくてまいりました。**私が抱っこする腕の角度がほんの少しでも違うと大泣きしますし、洗濯したためにおくるみの肌触りが変わるだけでも大変な騒ぎでした**」

「それだけ**触覚・味覚・聴覚・視覚・嗅覚などの感覚が敏感なのです。**自分の鋭い感覚に少しでも違和感を感じると、言葉ではなく身体が先に反応し、行動化してしまうのでしょう」

「そうなんですね」

「私は、そうした**五感力の鋭い子どもたちをスペシャルタレントと呼んでいますが、**これらの子どもたちは、**自分の環境を好悪の二つに仕分ける傾向を強く示します。**好きか嫌いか、全面受容か全面拒否か、敵か味方か、すべてが二分化思考で貫かれているのです。中間というあいまいな領域は存在しません。

彼女にとって、小学校は受け入れられない世界であり、できるだけ関わりを持ちたくない世界だと判断したのでしょう。中途半端に努力しても認めてはもらえないようなら、最初から無駄な努力はしたくない。努力するだけ無駄と仕分けをしてしまったのだと思います。いったん仕分けしてしまうと、その切り替えには時間がかかります」

「そんな感じがします」

「今までに、友達や幼稚園の先生との関係で、自分が一生懸命発した言葉がうまく伝わらなかったり、ちょっとしたあざけりの対象になったりしたことがあるのかもしれません。そんな否定的な体験が、彼女の心を閉ざしてしまったのではないでしょうか」

「このまま放っておいていいでしょうか？」

「今は、**無理やりコミュニケーションを要求しても逆効果です。それよりも彼女の得意探しをしましょう。**彼女が楽しそうにしている時はどんな時ですか？」

「一人で絵本を読んだり、動物を主人公として物語を創っている時でしょうか」

「とすると、彼女の本を読む力や物語を創る力を伸ばしてあげることを考えてあげてください。彼女にとって、苦手な分野は人に合わせるコミュニケーション、得意な分野は一人の世界での読書や創作活動、今のあるがままの彼女を応援してあげましょう」

「はい」

「学校で言葉はしゃべらなくても、いやがらずに登校しているのなら心配しなくても大丈夫ですが、登校しぶりが見られるようでしたら上手にお休みすることも大事です」

「いつかしゃべれるようになるでしょうか？」

「自分の得意分野に自信が生まれ、周囲への安心感が生まれて、失敗しても傷つかず

に済むという手ごたえを感じた時に、言葉を発し始めると思います。それまでは焦らないでください」

解決ポイント

◆**無理にコミュニケーションを求めない**
◆**得意なこと、分野を探して伸ばしてあげる**

2 担任と合わない小一男子

「小学校に入学して三か月

朝から大泣きです」学校に行きたくないとの息子ですが、

「何か理由があると思いますが、本人は何か訴えていますか？」

「はい、**『担任の先生がいやだ！』の一点張り**なんです」

「担任と何かトラブルでもあったんでしょうか？」

「言葉が少ない子なんで、その断片的な言葉をつなぎ合わせると、**自分の描いた絵を何度も描き直すように言われた**そうなんです」

「絵を描き直すように言われたんですか？」

「そうみたいです」

「絵は好きなんですか？」

「はい、小さい頃からクレヨンで絵ばかり描いていました。絵画教室では、独創的で面白い絵を描くとほめられるのがうれしかったみたいで、張り切っていました」

「それが否定されたんですね」

「はい、子どもらしくない絵だから描き直すように、強い調子で何度も指示されたようなんです」


「それはひどいですね」

「それからその先生が近づいてくるだけで、身体に震えが起きるようになったみたいで、何度かお漏らしまでしてしまって、『もう学校はいやだ！』と……」

「それはかわいそうに！　彼は優れた五感力を持つスペシャルタレントの子どもではないでしょうか。ほかの人にはないアート感覚、クリエイティブな才能の持ち主だと思います。**そのほかの人と違った感覚や才能を伸ばしてあげるのが教師の務めなのに、その先生は自分自身のバイアスのかかった子ども観・発達観の枠組みの中へ、すべての子どもたちを押し込めようとしている**のです。

子どもの発達には多様性があり、生まれつき特定の領域に天才的な能力を持つ、ギフテットと呼ばれる子どもたちや、得意領域と不得意領域に大きな偏りや凸凹がある子どもたちは少なくありません」

「確かに、うちの子どもは絵の才能はすごいと思いますが、**時間や空間の観念が弱く、整理整頓も苦手です。**だから、先生も困った子どもだと感じていたとしても仕方がないような気もします」

「その**困った子どもだという先生の内面心理が、外に否定的なメッセージとしてあふれ出しているんだと思います。そのメッセージを五感力の鋭いお子さんはビンビン感じるのでしょう。**『この先生は僕のことが嫌いなんだ！　目の前から消えてほしいと願っているんだ！』と」

「とすると、かわいそうですね」

「はい、お子さんのように感性の鋭い子どもたちはすべてのことを、〝好き〟か〝嫌い〟、〝成功〟か〝失敗〟、〝白〟か〝黒〟というように二分化して仕分けます。そして、一度嫌いだと仕分けした人間と折り合いをつけることはなかなか難しいのです。それを無理して折り合いをつけさせようとすると、ストレスを蓄積して心身のバランスを崩すことにつながってしまうのです」

「では、どうすれば……」

「ストレスがたまった時には、ストレスの源であるストレッサーから逃げるしかありません。このお子さんにとって、最大のストレッサーは担任の存在です。ここから逃げ出すのが一番の対処法です」

「学校を休ませたほうがいいということですか？」

「はい、この担任である間は無理やり登校させることはやめたほうがいいと思います。そして休んでいる間には、大いに絵を描かせてあげてください。低下した心身のエネルギーを回復するには、得意なこと、好きなことに時間を割《さ》いて心の傷を癒すのが一番なのです」

「休ませて、ずっと行かなくなりはしませんか？」

「もしそうなったら、**〝ホームスクール〟を開校するか、フリースクールを選択**してください」

「ホームスクール？」

「そうです。ホームエデュケーションとも言いますが、アメリカではポピュラーな教育システムです。子どもが学校に通うことでデメリットが多いのであれば、親が自宅を学校にして、そこで子どもの多様な学びを保障してあげるのです。

親が校長として、子どもが得意なことを中心にカリキュラムを作り、在籍校にしばらくホームスクールで学ばせることを連絡すればいいのです」

「在籍はどうなりますか？」

「フリースクールと同じで、在籍はそのままでいつでも戻ることができます。お子さんも、担任が変われば戻ることができるかもしれませんし、保健室登校や相談室登校ならできるかもしれません。

要は、**子どもさんにとっての選択の幅を広げてあげることです。**学校の要求に振り回されるのではなく、お子さんの能力がのびのびと発揮できる安心・安全な環境づくりに粘り強く取り組んでください」

解決ポイント

◆ストレスがたまった時には、そのストレスの原因からできるだけ離れる

◆ホームスクールやフリースクールなど、子どもの選択の幅を広げてあげる

3 忘れ物が多い小一男子

「小一の男の子ですが、忘れ物が多く、毎日がトラブル続きです」

「それはお困りですね」

「忘れ物だけじゃなくて、遅刻も多いですし、帰り道を間違えて帰って来れなくなったりと、もう疲れ果てています」

「知的なレベルはどうですか？」

「**知能検査では平均以上でした**」

「とすると、発達面での凸凹がありそうですね。小さな頃、気になることはありませんでしたか？」

「とにかく**夜泣きが激しいうえに、食べ物の好き嫌いも激しくて育てにくい子どもでした**」

「三歳児健診や就学時健診で、何か言われませんでしたか？」

「発達面での偏りが若干ありそうだけれど、様子をみましょうって……」

「そうですか。このお子さんは**感覚が過敏で、刺激への反応が早いスペシャルタレント気質**だと思われます。

夜泣きが激しいお子さんは、何か気になる刺激を受けると、気になる刺激に支配されてそこから抜け出すことができません。そして、直近の刺激が優先されるのです。おっぱいの時間がいつもと違う、おくるみの肌触りがいつもと違う、お母さんの声にいつもの優しさがないなど、ちょっとしたいつもとの違いにこだわりを感じ、それが夜泣きの引き金になるのです。

ほかの子どもであれば、折り合いをつけ難なくスルーできることが、このスペシャルタレント気質の子どもには難しいのです。感覚が過敏であることが苦しみであると言えるでしょう」

「そうなんですね」

「味覚や嗅覚も鋭いので、ミルクのメーカーが変わっただけで、そのことに気がつきますし、野菜嫌いや、ぬるぬるした触感を受けつけないとか、一度こだわってしまうともう誰が何と言おうと切り替えがきかないのです」

「よく離乳食を吐き出しました」

「これらの子どもたちの脳は、食べ物を受け入れるか拒否するかを瞬時に仕分けします。中間はありません。受け入れないと判断したら、即吐き出します。そして二度と受けつけません。そのために偏食が激しくなるのです」

「二者択一なんですね」

「はい、自分の興味・関心がないところには、脳のエネルギーが配分されません。そのために**あまり必要と感じない提出物・宿題・持ち物・特に守る必要を感じない時間や位置空間などに対する認知があいまいになったり、新しい刺激に反応することが優先されて、後回しになったりする**のです」

「今やるべき課題があっても、興味・関心が湧かないとやらないということですか？」

「基本的にはそうです。整理・整頓ができないのも、忘れ物が多いのもそこに原因があると思います。もともと興味が湧かないのに、目の前にある片づけ物よりも気になることが視野に入ったり、頭の中に別のことがひらめいたりすると、片づけは後回しになってしまうのです」

「では、忘れ物を少なくするにはどうしたらよいでしょうか？」

「大きな文字でメモを取ることを教えてあげてください。そして、玄関の一番目立つところに掲示板を置きましょう。帰ってきたら、いの一番にそのメモを掲示板に張ることをルーティン化するのです。そのメモの内容が準備できたら大きな〇で囲むようにしましょう。

提出物を入れる箱も用意してください。お子さんの好きな色で興味を引く形のものがいいでしょう」

「刺激的なものがいいんですか？」

「はい、お子さん手作りのもので、少し派手派手しいものがいいと思います」

「わかりました」

「家の中の動線を明確にするのも大切です。玄関に入ったらまず所定の場所にランドセルを置く。次に洗面所で手洗い・うがいをする。次にプリントを所定の箱の中に入れる。この一連の流れをシステム化するために、床にテープを張って誘導したり、テレビをつけたらすべき行動がビデオで指示されるというような方法も効果的だと思います」

「要はパターン化することですね」

「はい、いろいろと楽しみながら工夫してみてください。それでももし改善することが難しいようでしたら、**担任の先生にお願いして、提出すべきプリントなどは、スマホで撮影してお母さんのスマホに送ってもらってください。**

知り合いの高校生などは、自分のスマホで写して、母親のスマホに転送して忘れ物を防いでいると言っていました」

「それができたらいいですね」

「興味・関心の外にあることについては、サポートが必要です。適切なサポートがないと、毎日のように叱られ否定されて、自己否定感ばかり募ることになります。そして、自信を失って精神的に追い詰められることになるのです。ゲーム感覚で忘れ物対策をしてみませんか」

4　多動が気になる小一男子

「学校から毎日のように連絡があり、

解決ポイント

◆帰宅後の行動などをルーティン化、パターン化してサポートしてあげる
◆先生にプリントなどをスマホで撮影して送ってもらう

「ノイローゼ気味です」

「どうされましたか？」

「長男が今年から小学校に入学したんですが、**授業中じっとしていられなくて、席を離れて教室を飛び出してしまう**らしいんです。それで担任の先生からは『発達障害だと思われるので早くクリニックを受診してほしい！』と矢のような催促の電話があるんです」

「それは大変ですね。お子さんには多動の傾向が感じられるんですか？」

「はい、保育園でも何度か園舎を抜け出してしまうことがありました」

「子育ての中で、少し気になることはありませんでしたか？」

「はい、**音に敏感で、音の出所が気になってしまって、音のする方向に走り出してしまう**ことがありました」

「動く物にはどうですか？」

「はい、**動く物も好きで、ご近所のクーラーのファンの動きが気になるらしくて、何度かその前で動かなくなった**ことがあります」

「五感力が鋭いお子さんなので、人が気づかないことも気になってしまうのですね。そして、**気になることがあると、その刺激を抑えることができず、一直線に確認行動に走り出してしまう**のです。その時は、時間や場所の観念もどこかに行ってしまい、刺激に反応することが最優先されてしまうのでしょう。それが授業中であれ、遊びの場であれ関係ないのです」

「……」

「決して集中力が不足しているわけではありません。逆に**興味・関心のあるものには過集中とも言われるほどの集中力を発揮する**のです。そして、刺激を自分のものにするまでこだわり続けるのです。

この**探求行動を阻止しようとしたり途中でやめさせようとすると、パニックを起こして大暴れすることも少なくありません。**科学者や発明家の多くが、この無類の探求心の持ち主だと思われます」

「より探求心が強いんですね」

「**そのことを理解せずに発達障害と決めつけてその探求行動を抑え込み、多動で集中力に欠けた子どもとして否定的に見るのは教育的ではなく、そういう見方に立ち続けるなら、子どもの可能性を潰すことになってしまいます**」

「発達障害ではないのでしょうか？」

「私は発達障害とは呼びません。逆に**刺激に反応が早く、それを取り込んでいく探求心旺盛なスペシャルタレント**と呼びたいと思います」

「どう学校に伝えればいいでしょうか？」

「お子さんが特別な感覚・才能を持つスペシャルタレントであることを伝えて、一方的に彼の行動を抑え込まないように理解してもらってください。彼の行動には必ず意味があります。**行動を抑え込むのではなく、寄り添い付き合ってみると、彼がなぜ席を離れて行動するのか理解できる**はずです。

そのためには、担任のほかに補助のスタッフが必要です。担任には普通に授業を進めてもらい、補助スタッフが彼の行動に付き合ってあげると、彼の思考方法や行動パターンも見えてくるはずです」

「そんなことができるなら、すぐにでもお願いしたいです」

「お子さんのようなタイプは、最後までやり切れた＝成功、最後までやれなかった＝失敗、と仕分けをしてしまう二分化思考なので、自分の探究活動を阻止されたり、途中で介入されたりすることが続くと、周囲への不信感が強まって自己肯定感の低下につながります」

「どれだけ伝えられるかわかりませんが、全力で学校と話をしてみます」

「その時に、**『安易にわが子を発達障害と呼ばないで！』**と伝えてください」

解決ポイント

- **◆できるだけ行動を抑えずに、寄り添い見守る**
- **◆補助スタッフなどを配置してもらえるように学校に理解を求める**

5 叱られるとフリーズしてしまう小三男子

「ふだんから言葉数の少ない小三の息子ですが、先生に叱られると固まってしまうらしいんです」

「家ではどうですか?」

「家でも、**私の声が大きくなったり急かすようなことを言うと、表情がこわばって固まってしまう**ことがあります」

「脳の反応が鋭いんですね」

「えっ、逆じゃないんですか？」

「いいえ、**感度のいい脳の持ち主だからこそ、投げかけられたメッセージが肯定的なものか、それとも否定的なものかを瞬時に仕分けをする**のです。否定的なものだと感じたとたんに、シャッターが閉まったように思考停止状態に陥るのです。**一種の防衛機制反応**と言えるでしょう」

「そうなんですか？」

「もともと息子さんが、好きか嫌いか、白か黒か、オールオアナッシングの二分化思考の持ち主であるとすると、叱られた＝全人格の否定、と感じ取って、全面的にシャットアウトしてしまうのです。その中間はありません」

「そうかもしれません」

「脳の活動が停止してしまうと、後はどんなことを言っても耳に入りません。表情も無表情になり、身体はそこにあっても心はそこにないのです」

「脳に障害があるのですか？」

「いいえ、**脳の活動スタイルが個性的であるということ**です。いつでも、どこでも、バランス良く脳の機能が活動する子どももいれば、自分の好ましいところでのみ脳の機能が活性化し、そうでないところではうまくお休みを取るという子どももいます。しかしうまくお休みする分、自分の得意分野にその分を回すこともできるのです。だから、人にない優れた才能を発揮することができるのだと思います」

「そういう見方もできますね」

「だからこそ周囲の理解が欠かせないのです。この**個性的な脳の活動スタイルを肯定的に見るか、わがまま、自己チュー、コミュニケーション障害、発達障害などと、否定的に見るのかでは、本人の自己肯定感には大きな違いが生じます。**

私は、これらの個性的な脳を持つ子どもたちをスペシャルタレントと肯定的に呼び、その脳の特性をスペシャルタレント気質と呼んでいます」

「どうサポートすればいいでしょうか？」

「学校で、困った子どもとして否定的に扱われないためには、この子どもさんが**ちょっと変わった特性を持つスペシャルタレントであることを伝えて、まず学校の先生方に**

次のようなことを理解してもらう必要があります。

・マイペースを受容してもらうこと
・急がせすぎないこと
・大声で指示、要求しないこと
・興味、関心のあることはできるだけ最後までやらせてもらうこと
・丁寧に話を聴いてもらうこと
・いつでも相談に乗ってもらえる人がいること
・やるべき課題は個別に伝えてもらうこと

今は、学校に対してこのような特別な困り感を抱えた子どもたちには、わからせる指導ではなく寄り添うサポートが義務づけられていますから、耳を傾けてもらえるはずですよ」

「わかりました」

「それから、これらのスペシャルタレントの子どもたちは、急かされたり緊張する場面では、一時思考停止の影響で、内なる感情と外に現れる表情に食い違いが生じることがあります。**悔しかったり、悲しかったり、辛かったりという否定的な感情が生じているのに、その表情はニコニコ、ヘラヘラしたり、緩んだ表情になってしまうことが多いのです。逆に、笑ったり喜んでいい場面で無表情だったり、怖い顔になったりしがちです。**

それゆえに、友達にいじめられているのに、いやがっているようには見えなかったなどと証言されて、いじめを見逃されたり、否定されたりすることも少なくないので、そういうことがないように注意してください

「それはかわいそうですよね！」

「お子さんを守るためには、得意なものを見つけ出し、それを伸ばしてあげる必要があります。伸ばしてあげたい得意分野は何ですか？」

「**とにかく器用で、家のものなら壊れてもたいていは直してくれます**」

「小学校の三年生でそれはすごいですね！」

「うちは**母子家庭なもので、この子は小さい頃から私の苦手なことを全部やってくれるようになった**んです」

「そのことをしっかり学校に伝えてください。そして、家同様、学校でもその器用さ

を発揮し、周囲にもリスペクトされる機会が生まれていくならば、フリーズすること
も減っていくと思います」

解決ポイント

◆先生方にスペシャルタレントであることとその対応の仕方を理解してもらう
◆得意なものを見つけ出し、周囲にリスペクトされる環境を作る

6 いじめを受ける小四女子

「小学四年の娘なんですが、

「学校でいじめを受けているようです。担任の先生に相談しようと思うんですが、本人が強硬にいやがるんです」

「その気持ち、わからないではありませんね」

「担任の先生が介入して一時的にはいじめは収まっても、その後逆にいじめがひどくなるっていうんです」

「確かにそんな例はたくさんあるようですね。それゆえに、いじめられている子どもたちは、絶対にお母さんに知られないようにするって言います。**お母さんに知られたら最後、学校に伝わる。そうすると、学校はやむなく指導に入るんだけど、本人は〝チクリ魔〟ということでより陰湿ないじめにさらされることになる。**その負のスパイラルにはまり込まないためには、じっと我慢して、ターゲットが自分以外に移っていくことを待つしかないということを、子どもたちは実感しているというのです。実に悲しい話ですけどね」

「はい、うちでも私が根掘り葉掘り聞きだそうとしたんですが、『学校には言わないで！』の一点張りで困り果てています」

「いじめの背景はわかりますか」

「なんとなくは……。うちの子はマイペースで、どのグループの誘いにも乗らず、ちょっと変わり者とみなされているみたいです。読書が大好きで、図書室が本人にとって〝ポットスペース〟になっています。**人とワイワイやるよりは、一人で静かに本を読み、詩を書いているのが何より幸せというタイプなので、集団からは浮いた存在になっている**のだと思います」

「とすると、格好のいじめの対象にされるかもしれませんね」

「はい、幼い頃から一人の世界が好きで、同年代の輪の中にはなかなか入れませんでした。その代わり、**詩の朗読が上手で、休みの日には、自分の作った詩を持って老人ホームにボランティアに行ったりして、お年寄りたちにはとてもかわいがられているんです**」

「そうですか、それは素晴らしい。素敵な活動ですね。**お嬢さんはスペシャルタレントの子どもだと思います。人にない文学的な才能の持ち主であり、素晴らしい感性を持っているようです。**

これらのスペシャルタレントの子どもたちは、自分にとって興味・関心のある世界には豊かな創造性や集中力を発揮するのですが、それ以外のことには脳のエネルギーが分配されないようです。そのために**人付き合いが悪く見えたり、自己チューと誤解を受けたり、空気が読めない存在として、集団から目の敵《かたき》にされたり、時には排除されることも少なくない**のです」

「では、どうすればいいでしょうか？」

「**お嬢さんの持つ特別な気質であるスペシャルタレント気質（ST気質）について、まずは担任の先生に理解してもらう必要があります。**往々にして、いじめの背景を探っていくと、担任の先生の発するスペシャルタレントの子どもへの〝困った子ども〟という否定的感情を忖度《そんたく》して、クラスの子どもたちが行動していることがあります」

「まあ、そんなことが……」

「それを防ぐためにも、担任の先生にはしっかりＳＴ気質について理解してもらわねばなりません。そして、人との距離の取り方や、交流の具体的スキルを優しく教えてもらうよう頼んでみてください。そのうえで、**お嬢さんの得意な詩の朗読をクラスの前でさせてもらうといいと思います。彼女が優れた文学的才能の持ち主であることをクラスの仲間に理解してもらうこともとても大事なことです。**

クラスの仲間にとっても、人には得意・不得意があるということ、そして、得意を伸ばし合う関係こそが、一人一人を幸せにするということを学び、経験できるいい機会だと思います」

解決ポイント

◆いじめの相談ではなく、まずは先生に子どもの特別な気質への理解を求める

◆得意な詩の朗読をさせてもらうなどして、クラスメイトにも才能を知ってもらう

7
手が出る小五男子

「小五の息子ですが、毎日トラブル続きで頭を痛めています」

「それはお疲れですね。トラブルの中身は？」

「友達にカッとなって手を出してしまうんです」

「ケガをさせるほどですか？」

「いいえ、そこまではいかないんですが、頭をポカリとやったり、服を引っ張ったり、時には突き飛ばしたり」

「その頻度は？」

「ほぼ毎日です」

「そのきっかけは何だかわかりますか？　子どもの行動には必ず理由があります。理由のない行動をとることはありません」

「子どもに説明させようと思っても口が重くて、『ムカついたから』というばかりなんです」

「ムカついた中身が何なのかわからないんですね」

「はい」

「子どもたちのトラブルには、見えないゲームが仕掛けられていることがあります。よくよくゲームを見ていくと、ゲームを仕掛ける側と、カモにされて逆に加害者に仕立てられている側とが見えてきます。

子どもさんはどんなお子さんですか？」

「**小さい頃から多動で、じっとしていない子どもでした。**好奇心が強くて、深く考えずにパッと行動に移すので生傷が絶えませんでしたが、ただ、**好きな空手の練習だけは驚くほど熱中していました**」

「とすると、行動面で苦戦するST気質の持ち主であることが考えられます。このタイプは特定の刺激に反応しやすく、反射的に行動を起こします。その時には、**約束事やルールなどは吹き飛んでしまうことが多い**のです」

「うちの子もそのタイプです。それで困ってしまうんです」

「この刺激に素早く反応する気質は、芸術家・発明家・科学者にとっては不要不可欠なものであり、起業家やアスリートとして成功するためにも欠かせない気質です。**多くの教育関係者はADHD（集中力欠如・多動性症候群）と呼びますが、私はそのような否定的呼称は用いたくありません。**刺激やひらめきに瞬時に反応し、その刺激・ひらめきを形にしようとする類《たぐい》まれなる集中力を持っていると思います。

自分の興味外のことには集中力を発揮することはできませんが、自分の好ましい刺激には信じられないほどの集中力を発揮する子どもたちが、なんで集中力不足と決めつけられねばならないのでしょうか」

「息子は発達障害ではないんでしょうか？」

「私は素晴らしい集中力と行動力を持ったスペシャルタレントと呼んでいます」

「トラブルを回避するのには、どうすればいいでしょうか？」

「そのためには、**いつ、どこで、どのようなきっかけで、どのような相手とトラブルになっているかをきちんと記録し、分析する**必要があります」

「記録ですか？」

「はい、そうすれば**ゲームの仕掛人がどんな仕掛けをしているかが見えてきます。**その仕掛人たちは、息子さんが特定の刺激に反応しやすく、言語表現に時間がかかることを知っていて、息子さんがいやがる音を出したり、不快な言葉を発したり、気になる顔の変化や身体の動きをして見せたり、息子さんの手が出るように仕向けていることも考えられます」

「以前にそんなことを訴えてきたことがありました。友達がわざといやな音を立てるとか、背中をシャープペンでつついてくるとか……」

「そうだと思います。**子どもさんを叱る前に彼の悔しさに共感を寄せて、まず、お母さんはどんな時でもあなたの味方であることを伝えてあげてください。**今彼には、ドラえもんが必要なのです」

「はい」

「学校では、トラブルメーカーとして困った子扱いを受け、ストレスのかかる生活を強いられていると思いますので、学校の管理職・担任・スクールカウンセラーを含めて、**困った子ではなく困っている子ども**として、手厚いサポートをしてもらえるように働きかけを強めてください」

解決ポイント

- ◆いつ、どこで、どのようなきっかけで、どのような相手とトラブルになっているかをきちんと記録し、分析する
- ◆叱るのではなく、子どもの悔しさに共感を寄せて、「お母さんはどんな時でもあなたの味方だよ」ということを伝えてあげる
- ◆〝困った〟子どもではなく〝困っている〟子どもとして周囲にサポートしてもらう

8 登校をしぶる小五女子

「小学五年生の娘が学校に行きたくないと、毎朝ぐずるようになりました」

「それはかわいそうに！　よほど辛いのでしょう」

「でもなぜ辛いのか、自分でもわからないみたいなんです」

「小学校高学年の登校しぶりでは、原因がよくわからないという事例は少なくありません」

「そうですか……。『何がいやなの？』と聞いても『学校へ行こうとするとお腹が痛くなるし頭も痛い！』と言うんです」

「とすると、ストレス症状が身体に出ているんですね。**子どもたちは怠けで学校を休むことはまずありません。親以上に、学校は行かなければならないという〝学校絶対主義〟に縛られています。**ですから、学校に行きたくないというのはよほどのことだと思います」

「まじめで無遅刻・無欠席だった子が、こんなことになるなんて信じられません。同居している義母にはやいのやいのと責められるし、私も板挟みでノイローゼ気味です」

「小さい頃はどんなお子さんでしたか？」

「**くそがつくほどまじめで頑張り屋でした。小学校に入ってからもクラス委員もし、今年は園芸部の副部長もしていました**」

「こだわりの強さは？」

「それは感じることがありました。**何でも自分の思いどおりにやらないと気が済まない子ども**でした」

「一度決めたことは変えられない？」

「はい、そういう点では、父親に似て頑固でしたね」

「まじめで、**一生懸命に与えられた役割を果たそうと努力する子どもは、先生にとっては都合の良い存在**かもしれませんね。

お子さんは、どうもこの**ティーチャーズペット**と呼ばれるタイプのお子さんのようです」

「ティーチャーズペットですか？」

「そうです。与えられた仕事を完璧にこなし、正直でピュアなので、教師にとってはとっても信頼のおける都合の良い存在なのです。

そのために、思春期に差しかかると、人のいやがって引き受けたがらない仕事を依頼されることも増えてきます。優しくて人が好いので断ることもできず引き受けてしまい、引き受けた以上は完璧にこなそうとするので、自分のストレス許容量を一気に超えてしまうことになりかねません。

先生にとって都合の良いペットのような存在は、思春期に差しかかった仲間たちにとっては、歓迎したくない煙たい存在として距離を置くことも増えてくるのです」

「頑張りすぎたことが仇《あだ》になったということですか？」

「悲しいことですが、それは否定できません。思春期に入ると、それまでの対等でシンプルな関係から、グループや序列が生じたり、スクールカーストと呼ばれるようなシステムが出来上がり、同級生であっても神経質に気を使い合う関係が醸成されていくのです」

「子どもも大変なんですね」

「思春期になると、大人のように〝あうん〟の呼吸や〝建前と本音〟を使い分けたり、〝暗黙の了解〟が重視されるようになったりと、グレイであいまいな居場所探しの難しい集団に変貌するのです。

私は、お子さんのようなまじめで融通の利かない子どもたちを、スペシャルタレントと呼んでいますが、すべてに白黒をつけ、あいまいさを許せない気質ゆえに、思春期の集団においては、少しずつ浮いた存在になり、安心できる自分の居場所を見つけることが困難になるのです。

仲間たちからは、空気が読めずあいまいさに折り合いをつけられない、やっかいな存在だという否定的メッセージが四六時中発信されます。じわじわと真綿で首を絞められるような圧迫感を覚えることでしょう。

ある子どもは、真綿ではなく『鉄の塊で締めつけられるような息苦しさだった』と話してくれました。この見えない負の環境で生活することがストレスとなり、心身を疲労させ具体的な症状が出始めるのです。

ストレス反応として最初に現れるのは腹痛です。脳腸相関と言って、脳がストレスを感じると、脳の代わりにお腹がそれを引き受けて痛みを訴えるのです

「どうすればいいでしょうか？」

「これ以上無理をして学校に通わせると、もっと激しい心身症状が出てきます。しばらく学校を休ませることをお勧めします」

「やはり、それしかないのですね」

「学校での同級生との集団生活がストレッサーである以上、そこから距離を取ることがストレスコーピング（※ストレスを軽減・除去するための対処法）**としては一番の方法です」**

「しばらく休んだら、今の学校に戻れるでしょうか？」

「それは急がないほうがいいと思います。心が折れた状態が回復するには時間がかかります。お休みしている間に、ご家族で本人を含めてST気質について理解を深めてください。そして、相互応援団としてのスキルを高められたうえで、多様な学びの場について研究し、新しい学び場を探されたほうがいいかもしれません」

解決ポイント

- ◆子どもが学校に行きたくないのには必ず原因があり、理由がある
- ◆ティーチャーズペットになっていないか注意する
- ◆家族でスペシャルタレント気質についての理解を深め、新たな学びの場を探す

第2章

心と身体のバランスが崩れた〈中高生〉

1 ゲーム浸りの中二男子

「中学二年生の息子が、ゲーム浸りで困っています」

「学校は通えているんですか？」

「いいえ、中一の後半から行けなくなって三か月ほどが経ちました。中二になったら学校に復帰すると言っていたんですが、結局ダメでした」

「今の生活ぶりを教えてください」

「**完全に昼夜逆転生活です。**夕方起き出してはいるようですが、それから一晩中ゲームをしているみたいです。**何度かゲームを取り上げようとしたんですが、父親と激しいバトルになって、それからはゲームのし放題です**」


「中学校は公立ですか、私立ですか？」

「私立の中高一貫校です。中学受験をしたものの第一志望に入れず、第二志望の今の学校に入りました」

「私立受験は本人の意志ですか？」

「本人よりは父親の意志が強かったと思います」

「お父さんのお仕事は？」

「歯医者です」

「とすると、跡継ぎにしたかったわけですね」

「はい、父親の考えるコースがあり、本人も最後は納得したうえでの受験でした」

「本人の学力は？」

「あまり勉強は好きではなかったんですが、塾の先生の指導が良かったのか、小六でぐんと成績が伸びました。中学受験に成功したら、その後はエスカレーター式で勉強から解放されるとどこからか聞いてきたらしくて、それも励みになったようです」

「相当頑張ったんですね」

「はい、でも第一志望に受からなかったことで父親に叱られ、ずいぶん泣きました。それでも気持ちを切り替えて今の学校に入学したんですが、最初から波長が合わないと言って中学生活には前向きではありませんでした。そのせいもあってか、**成績は低空飛行で、そのことでまた父親から叱られる**ものですから、余計落ち込んでしまったようです」

「それはかわいそうに……」

「**父親は『結果がすべてだ！』という考えの人ですから、情け容赦《ようしゃ》がないのです。**本人は中学受験のために友達と遊ぶのも犠牲にしたので、**中学に入ったらたくさん友達を作りたいと言っていたんですが、それも思うようにいかなかった**ことも、学校生活に魅力を感じることができなかった一因だと思います」

「学校でも学力が思うように伸びず、友達づくりもうまくいかないうえに、家では父親に叱られるのでは、安心できる居場所を失って、心身のチャージ率が低下するのは仕方がないかもしれませんね。心身に症状は出ませんでしたか?」

「**毎朝下痢を繰り返し、髪をむしっては、壁に頭をぶつけたり……**」

「相当ストレスが蓄積していたんですね」

「それでも父親が『学校に連れて行け!』と怒鳴るものですから、無理やり車に乗せて送っていましたが、**夜中に夜驚症というんですか、大きな声を出して部屋を歩き回ったり、壁を激しくたたいたり**と、おかしな行動がエスカレートし始めたんです。それでもうこれは無理させられないと休むことに同意したのです」

「それは賢明な判断だったと思います。もう少し早い段階で休ませてあげられたら、本人も苦しまずに済んだかもしれませんね」

「そう何度も思いはしたんですけど、せっかく入った学校ですし、それなりにお金もかかっていますので、安易に休んでいいとは言えませんでした」

「親の立場からするとそうでしょうね」

「休ませたのはいいんですが、**学校へ行かなくなった途端に昼夜逆転が始まり、ゲーム浸りになってしまったん**です。それでまた父親が激怒して手を出したものですから、それからは**部屋の内側からカギをかけて、引きこもり状態**になってしまいました。家族の誰とも口をききませんし、食事も部屋の中でしています。このままではゲームのせいで廃人になってしまうのではないかと心配でなりません」

「ゲームのせいでですか？」

「はい、ゲームのせいで、精神的にどんどんおかしくなっています。ゲームを止めさせるにはどうしたらいいでしょうか？」

「お母さん、今、息子さんの命がつながっているのは何のおかげだと思いますか？」

「えっ？」

「ゲームのおかげで命がつながっているとお思いになりませんか。**今、息子さんの命があるのはゲームのおかげなんじゃないでしょうか。**昼夜逆転した孤独な生活では、夜を一人で過ごすことは大変な事だとは思いませんか？」

「ええ、それは……」

「夜一人でいると孤独感が強まります。そのうえ、過去のことがフラッシュバックして苦しくなったり、これからのことについては出口が見つからず不安ばかりが募り、死への誘惑が繰り返し襲ってくるのです。**学校へ行けなくなった子どもたちは、まじ**

めな完璧主義者が多いので、強い自責・自罰感情に支配されがちなのです。自責・自罰感情の先には、口を開けて死の淵が待ちかまえています」

「ちょっと、それは怖いです」

「その誘惑をはねのけて命をつなぐためには、没頭するものが必要なのです」

「はい」

「夜中に没頭できる身近なものはゲーム以外にはありません。**ゲームに没頭することで、不安と闘い、死の誘いから逃れることができるのです。**ゲームという没頭できる存在のおかげで、多くの若者たちが命を絶たずに済んでいるのではないかと思います」

「そういう側面は確かにあるかと……」

「**ゲームは学びの場であり、鍛錬の場でもあるのです。没頭する力、集中する力、継続する力、ゲームをクリアするための戦略的思考、瞬時の判断力などが身につくと言われています。**

ゲームに没頭する力があれば、それ以外のことにもその力を発揮することができるはずです。今は、将来必要となる集中力、継続力、思考力などを鍛錬していると考えてください。引きこもりではなく、新しい学びの場を手に入れたのだと前向きにとらえていただければと思います」

「はい」

「ゲームのおかげで、今子どもの命があり、そして、必ず抜け出せる時が来ると、息子さんのあるがままを全面受容すれば、そう遠くない時期にゲームに飽き、それ以外の刺激を求めて動き出します。**ゲームを子どもたちから引き離そうとすればするほど、子どもたちはゲームに執着し逆効果になるのです。**


ＳＴ気質の子どもや若者たちは、ゲームの持つ刺激に敏感に反応し、ゲームのとりこになりがちです。その結びつきを絶つことは、ほぼ不可能と言わねばなりません。それよりも、今は思う存分ゲームをやらせて、飽きるのを待つことが良策だと思います」

解決ポイント

- ◆**ゲームのせいで引きこもりの状態になったのではなく、逆にゲームのおかげで命が助かっているということを理解する**
- ◆**ゲームから引き離そうとするのではなく、まずはそれを受け入れ容認する**

2 家で暴れる中二男子

「中二の息子が、家で暴れて困っています」

「どんな暴れ方ですか？」

「大声で私をののしり、物を投げたり壊したりします」

「手は出ませんか？」

「手も出ます。何度か殴られました」

「父親に対してはどうですか？」

「よく取っ組み合いのけんかをします。**この前は父親が殴られて前歯が折れました**」

「かなり激しいですね」

「暴れ方がひどかった時には警察にお願いしたこともあります。息子の部屋は跡形もないほど壊れています」

「息子さんが暴れ出したのは、いつ頃からですか？」

「中学二年に進級してからです。それまではどちらかというとおとなしい子で、親に対しても反抗的な態度を取ることはありませんでした。それが、サッカー部を辞めてから手がつけられない状態になってしまって、妹たちもおびえるし、祖父母のところに避難させています」

「サッカー部で何かあったのですか？」

「友達との間でいくつかトラブルがありました。**息子はサッカー命というぐらいサッカーが好きな子で、将来はJリーグで活躍するのが夢でした。**少年サッカーではセンスがあると評価され、中学校でも一年からレギュラーにもなるほど期待されていたんです。二年になると、副キャプテンというポジションを与えられて、張り切っていました。ところが、**息子があまりにも厳しい練習を要求するので、仲間たちが息子のことを煙たがり始めたん**です」

「一生懸命なあまり、仲間たちとの間ですれ違いが生じたんですね。かわいそうに！」

「はい、息子はなんとしても都大会に出て、さらには全国大会にも出場するんだと言って、すべてをサッカーに打ち込んでいました。しかし、仲間たちとは温度差があって、息子のあまりにもストイックなやり方についていけないとの声が強まって、息子は孤立するようになってしまったんです。

そして、**練習場所の変更が息子にだけ知らされなかったり、スパイクシューズを隠されたりといういやがらせが始まり**ました。それで我慢できなくなってしまった息子が、**息子はずしの中心的な仲間を殴ってしまったん**ですね。そのために息子は、二週間の活動停止を言い渡されてしまいましたが、**顧問の先生は息子の言い分に耳を傾けてはくれなかったん**です。

それがきっかけで、学校を休むようになり、学校に行けと要求する父親との間でバトルが激しくなってしまいました」

「息子さんもよほど悔しかったんだと思います。人が信じられなくなってしまったんでしょう。私は、息子さんのようにストイックで完璧主義のアスリートをスペシャルタレントと呼んでいます。オールオアナッシングの二分化思考が強いので、**とことん自分を追い込んで頑張りますが、ストレス耐性が強くないため、否定的な出来事が続くと突然気持ちが切れてしまうことが起こりやすい**のです。

ほどほど、中間ということがなく、とことん頑張るか、まったく放り出してしまうという極端な行動に出ることが少なくありません。

息子さんの場合もこれが当てはまるように思います。**一度嫌いになると、周りがどんなに説得しても受けつけません。この頑固さが息子さんの持ち味でもあり、大事な資源だとも言えるのです**」

「そうですね」

「**大好きなサッカーを奪われ夢まで失くしたこの喪失感は、周囲の想像以上の大きさだと思います。**そのために、そう簡単には折り合いをつけることはできないでしょう。**自分にとって愛着の強かったものを突然失ってしまうことを対象喪失と言いますが、喪失による心の傷を癒し再生するためには時間がかかります。**

暴力は、彼の傷ついた心が発するSOSだと考えられます。心の傷が癒えるまでそっとしておいてあげてください」

「このまま、放っておいていいんでしょうか」

「**少なくとも登校刺激はしないでください**」

「はい」

「彼は、自分がなぜ仲間からあのようないじめにも似たひどい仕打ちを受けなければならなかったのか、そのことが理解できず頭の中はグルグルと同じところを堂々巡りしていると思われます。

そして、考えれば考えるほど出口が見えなくなり、自分自身の心が壊れてしまいそうな不安から逃れるために、暴力を振るわざるを得ないのだろうと思います。これが**自分の内側への攻撃が強まると、深刻な心身症状が出現することになり、これはこれでやっかいです**」

「外に向かっている分、まだましということですか？」

「そうですね。**彼を責めるのではなく、彼の苦しさを家族がわかろうとする姿勢が伝われば、暴力は落ち着いてくる**と思います。

そして、できるだけ早くカウンセリングを受けさせてください。カウンセリングを通して自分の持つオールオアナッシング思考、仲間の優れているところより物足りない部分に目が行き、ストレートに指摘したり、要求してしまいがちなところ、周囲のニーズを無視して自分の思い込みで突っ走ってしまうところ、気持ちの切り替え力の弱さなどへの気づきが必要だと思います」

「それで落ち着いてくれるといいのですが……」

「たった一人でも彼の心の傷をぴたっと手当てしてくれる人が見つかったら、必ず彼の心の傷も癒えていくはずです」

解決ポイント

◆まずは学校に行かせようとするのをやめる

◆暴力は、傷ついた心が発するSOS。心の傷が癒えるまでそっとしてあげる

◆外に向かう暴力から自分の内側への攻撃に転換しないように、早めにカウンセリングを受けるようにする

3 すぐに「死にたい！」という中三女子

「中三の娘が、何かというとすぐに『死にたい！』と言って、学校を休みたがって困っています」

「いつ頃から『死にたい』と言うようになったんですか？」

「中三になってからですかね。もともとがそんなに元気なほうじゃなくて、友達づくりにも苦労してきたものですから、学校そのものが好きじゃないみたいなんです」

「特に、何がいやだとか口に出しますか？」

「はい、『学校には居場所がない！』っていうことはよく言っていましたが、今は**特に体育の先生と体育の授業が『死ぬほどいやだ！』と言っています**」

「どうしてなんでしょうかね？」

「声が大きくて、すべてが命令口調らしいんです。そのうえ、『運動が苦手では将来母親になっても苦労するぞ！』とか『運動オンチは遺伝するから、生まれてくる子どもがかわいそうだ！』などと脅したり、いやみを言ったりするみたいです」

「それは、教師の権力を笠に着たパワハラですよ」

「娘もそう言っています。娘は、一度嫌いになるともう二度と気持ちが変わりません。そういう点ではものすごく頑固なんです」

「その頑固な気質は、どなたに一番似ていますか？」

「夫にそっくりですね。何でも白か黒かはっきりさせないとダメなんです。あいまいなことは許せないみたいです」

「きっと、ST家族なんでしょうね」

「ST家族って何ですか？」

「どんなことでも、あいまいでグレイな状態に折り合いをつけることが苦手で、すぐに白黒はっきりさせたがり、自分の興味・関心には無類の新奇探求心と集中力を発揮するものの、興味・関心のないことには見向きもしません。そんな気質の持ち主が複数いる家族を私は**スペシャルタレント家族（ST家族）**と呼んでいます」

「とすると、わが家は夫と娘、下の息子もその傾向があります」

「この気質は、遺伝することが多いので、親にこの気質があれば、子どもたちに受け継がれることになります。ただ色濃く受け継ぐ子どもと、そうでもない子どももいますし、幼い頃からこの気質の傾向が強く出る子どもと、思春期のストレスをきっかけに、この気質が表面化する子どもがいます」

「やはりそうですか。小学六年の弟のほうも友達関係がうまくいかず、朝起きるとお腹が痛いと言っては学校を休みたがります」

「ST気質を持っている場合、思春期における集団生活でストレスを抱え、苦戦することが多くなります。思春期の同級生との世界は大人の世界に近づくために、大人と同じような〝あうんの呼吸〟〝建前と本音の使い分け〟〝お世辞やおべっか〟〝いい加減さや適当さ〟を使い分けるようになり、グレイな世界に変わっていくからです。

ＳＴ気質の子どもたちは、このグレイな世界についてはいけません。すべてが白黒はっきりしてクリアでないと不安を募らせるだけでなく、自分の居場所探しに疲れ果てて、生きる意欲を喪失させてしまうのです。ＳＴ気質の子どもたちにとって、グレイな思春期の世界は最もストレスのたまりやすい時代と言うことができるでしょう」

「姉弟ともに、小学校の高学年になってから、とにかく疲れたと言って、学校から帰ってくるなり、バタンキュー状態でした」

「娘さんは誰よりもピュアだから、一生懸命同級生に合わせようとしているのに、どこかすれ違ったり、思わぬ反応が返って来てしまったりということが続いて、心が折れてしまったのではないでしょうか。そして、**自分は生きるに値しない存在だと、自責・自罰感情が強まると、『死にたい！』がつい口をついてしまう**のだと思います。

そんな心が折れた状態のところに、体育の教師のパワハラにもさらされて、身も心もさらに追い詰められて危機的状態にあると推測されます」

「どうしたらいいのでしょうか？」

「まずは、本人の意思を尊重して学校を休ませてください。体育教師に代表される**学校生活が最大のストレッサーになっていると思われるので、このストレッサーから距離を取り、遠ざけることが一番大切なこと**です」

「休ませてあげたいのはやまやまですが、ずっと行けなくなるのではと心配で……」

「お母さんの不安ももっともですが、**このまま無理強いしたら、命をなくすことだってないとは言えません。**今はゆっくり休養させて、心身のエネルギーが回復したら次の手立てを考えませんか。

娘さんは、普通同調圧力の強い思春期の集団生活は不向きだと思います。もっと少人数で本人のペースが尊重される学びの場があれば、娘さんの個性が輝くのではないかと思います」

「そういう所があるのでしょうか？」

「そういう学びの場の一つにフリースクールがありますが、身近なところにない場合は、ホームエデュケーションを考えてみたらどうですか？」

「ホームエデュケーションとは何ですか？」

「はい、ホームスクールとも呼ばれています。自分の家を学校にするのです」

「そんなことが可能なんですか？」

「アメリカでは、一五〇万人の子どもたちがこのホームスクールで学んでいると言われています。厳密に言えば、カリキュラムの作成を含めて届け出が必要だったりするそうですが、私が勧めているのは、もっと簡易な方法です。お母さんが校長となって、ホームスクールの開設を学校に伝えるだけでいいのです。**一時的に、在籍校からホームスクールへ転校させた形にしてあげることによって、子どもの学校に行けていないという自責・自罰感情から解放してあげる**ことができます」

「はい」

「そして、本人が楽しいと感じられることを中心に、独自のカリキュラムを一緒に作ってください。得意なことが見つかれば、折れた心も必ず癒されて、心にも前向きな灯がともりますよ。

未来がこれから始まるという思春期に、『死にたい！』などという悲しい言葉をつぶやかせないために、丁寧に心に寄り添い、折れて傷ついた心の手当てをしてあげてください」

「はい」

「そのうえで、『死にたい！』という言葉が出なくなったら、学校への復帰も視野に入ってくると思います」

「中学三年の娘が、人の視線が怖いと言って

4　人の視線を怖がる中三女子

解決ポイント

◆パワハラ教師からすぐに離れるようにし、心身のエネルギーを回復させる

◆ホームスクールを開設し、本人が得意な楽しいカリキュラムを一緒に作成する

「学校を休んでいます」

「怖いと言い出したのは、いつ頃からですか？」

「半年前、中学三年生に進級した頃から、**人ににらまれているようだと言い始めて、人のいる所には出られなくなってしまいました**」

「以前から、視覚が過敏だなと思うことはありませんでしたか？」

「そう言えば、小さい頃から動く物が大好きで、蟻の動きを一日中見つめていたことがあります。ほかにも蚊をつぶすのが得意で、人間蚊取り線香と呼ぶほど飛んでいる蚊を一発必中でつぶしていました」

「運動は何かやっていましたか？」

「卓球が好きで、県大会にも出場して三位になったことがあります」

「そうですか。きっと動体視力が優れているんでしょうね」

「動体視力ですか？」

「イチロー選手や体操の内村選手を始め、一流のアスリートたちの多くが、優れた動体視力の持ち主だと言われています。

動体視力とは、素早く動く対象物を確実にとらえる目の力のことで、スポーツの中でも特にスピードを要求される対面型の種目では、この力が大きな威力を発揮するのです。

ところが、これまで私がカウンセリングをしてきた経験上、動体視力が良い子どもでも、ストレスが許容量を超えて蓄積されると、この視覚の過敏さが逆にマイナスに作用する傾向がありました。

娘さんの場合も、ストレスが許容量の範囲内である場合には、卓球の試合でも動体視力がうまく機能して力を発揮することができたと思われますが、部活動の人間関係そのほかのストレスによって、動体視力が過敏になりすぎたものと考えられます」

「実を言うと、中学二年の新人大会後、卓球部の仲間とうまくいかなくなってしまったんです。うちの子は、キャプテンになって張り切っていたんですが、『練習が厳しすぎる』とか『威張《いば》っている』とか、それまで**仲の良かった仲間からクレームがきて、**

孤立してしまいました。けれど、**顧問の先生は『もっとみんなとうまくやれ！』と言って助けてはくれず、卓球部そのものに不信感を募らせた**ようです」

「それはかわいそうでしたね」

「それからは、坂道を転げ落ちるように元気がなくなってきてしまって……」

「人の視線が怖いと言い出したんですね？」

「はい」

「普通、人と人の視線はお互いにほんの一瞬ぶつかることがあっても、すっと流れるようにすれ違います。しかし、ただでさえ優れた動体視力の持ち主である娘さんの場合は、ストレスによって動体視力が限度を超えて敏感になり、人の視線がすれ違うことなくピタッピタッと張りついたように感じられてしまうのではないでしょうか。そして、その張り付いた一つ一つの視線が、自分の目に突き刺さってくるような恐怖感を感じるのだと思います」

「どうしたらいいですか？」

「しばらく、ストレスの源となっている学校生活から離れること、そして、登校刺激を控えて全面休養させることが肝心です」

「本人は、学校に行けない自分を責め、学校のことをしきりに気にしています」

「まじめなこのタイプの子どもたちは、学校に行けない自分を許すことができず、自分を責め続けることでさらに心身のチャージ率を低下させて、心身症状を悪化させてしまいがちです。

『学校のことは心配しなくていいよ！』と伝えてあげてください」

「そうは言っても、受験を控えているものですから、心配で……」

「**お母さんの不安が、娘さんの精神的不安を煽《あお》り、ますます回復から遠ざけてしまいます**から、ここは、肝を据えてください。

高校のことは心配いりません。今は通信制高校・サポート校・高卒認定試験など、多様な学びの場が広がっています。受け入れてくれるところは必ずありますから心配しないでください」

「大丈夫でしょうか？」

「お母さんが、『大丈夫だ！』とどんと肝を据えることで、娘さんの心に安心の灯がともります。何よりも家庭を、安心感・達成感・承認欲求の得られる安心基地にしてください」

「はい」

「娘さんの得意分野は、卓球以外にはどんなものがありますか？」

「料理が得意です。小さい頃からお腹が空くと自分で作っていました」

「では、どんどん調理にチャレンジさせてください。外に出ることが難しければ、材料はお母さんが準備してあげてもいいでしょう。

家族のために必要とされ、役に立っているという達成感を味わわせてください。『すごいね！ ありがとう！』とほめてあげれば、承認欲求も満たされて、心身が少しずつ回復してきます。セロトニンというハッピーホルモンが脳内にあふれ出すのです。

一つずつ自分に対するＯＫが増えて行けば、折れた心が手当てされていきます。そうなっていくと、人の視線に恐怖を感じることもなくなってくると思います」

「統合失調症じゃないんでしょうか」

「正確には医師の判断が必要ですが、この状況がさらに悪化して幻聴や幻覚ということが続くようなら、その領域に踏み込んだことになるかもしれません。しかし、今はまだ家庭のサポートで回復できるレベルだと私は思います」

「ちょっと安心しました」

「ただ、娘さんは特別敏感な五感力の持ち主であるスペシャルタレントだと思います。とすると、今後も激しいストレスに見舞われると、同じような症状に陥《おちい》る可能性が否定できません。

そうならないためには、家族でこのスペシャルタレントの子どもたちが共通して内包しているスペシャルタレント気質（ＳＴ気質）について理解を深めていただく必要があります。家族ぐるみで、応援団になれるといいですね」

「はい」

「娘さんの優れた動体視力が、再び力を発揮する時が必ず来ると信じています」

解決ポイント

◆**学校生活から離れ、登校させようとしないこと**

◆**お母さんの不安が子どもの精神的不安を増幅させるので、どんと肝を据えて家庭を子どもの安心基地にする**

◆**得意な料理をどんどんさせてほめてあげることで心身を回復させる**

5
朝起きられない中三男子

「中三の息子が、不登校になり、昼夜逆転がひどくなりました」

「起きるのは何時頃ですか？」

「ほとんど夕方ですね」

「寝るのは？」

「明け方だと思います」

「不登校になる前は、どんな具合でしたか？」

「中二の後半ぐらいから朝起きられなくなってきて、起こしてもボーっとしている感じでした。それを無理やり制服を着せて学校まで送っていたんですが、中学三年の五月の連休明けからは起こしても、フニャフニャして立っていられないんです。それでもう無理だとあきらめました」

「それはいい判断だったと思います。息子さんは**起《き》立《りつ》性《せい》調《ちょう》節《せつ》障《しょう》害《がい》を引き起こしていると考えられます**」

「起立性調節障害ですか？」

「そうです。不登校の子どもたちの多くにこの症状が現れます。思春期に発症しやすいとされる病気の一つで、自律神経系の異常により循環調節がうまくいかなくなる疾患です。朝起きられない、午前中の体調が悪い、たちくらみ、倦怠感、動悸、頭痛などが代表的な症状なのですが、症状が治まると何事もなかったようにピンピンと日常生活を送れることもあるので、周囲からは非常に誤解を受けやすい病気なのです。ですから学校の先生や友達からはなかなか理解を得られず、サボっているんじゃないかと責められてしまいます。それがストレスとなって、学校へ行けなくなってしまう子どもが多いのです」

「怠けているわけではないのですね？」

「確かに親の側から見ると、夕方は元気で夜は夜通し起きてゲームをし、朝になるとフラフラして起きられない状態では、怠けではないかといら立ってしまうかもしれませんが、起きようとしても起きられないのは事実なんです」

「でも、好きなアイドルグループのイベントの時には、ちゃんと起きて出かけていくんですよ！」

「そうなんです。だから余計に怠けだとか、詐病《さびょう》だとか非難されることになるのですが、**自分にとって興味関心のある出来事がある時だけは頑張って起きられる、ということもあるのです**」

「そうなんですか……」


「このお子さんは、小さい頃はどんなお子さんでしたか？」

「**まじめな頑張り屋でした**」

「こだわりの強さを感じたことは？」

「それは小さい頃から強かったですね。**着る物はずっと同じ物を着続けてみたり、部屋の中の物をちょっと動かしただけで、驚くほど怒り出してみたり、食べ物もいやな**

ものは絶対に受けつけませんでした」

「息子さんは物事に対して、こだわりの強いスペシャルタレント気質（ＳＴ気質）の持ち主であるように思います。**この気質の子どもたちは、こだわりが強い反面ストレス耐性が低いのが特徴です。**思春期に差しかかると、マイペースでこだわりが強いがゆえに、仲間たちとの人間関係にストレスを感じ、ストレスが許容量をオーバーすると、自律神経の調節機能に影響が出やすいのです」

「そうなんですね」

「不登校が始まる前に、お腹が痛いとは言いませんでしたか？」

「それは、小学校の高学年の頃からずっと言っています。心配だったものですから、病院で検査してもらったんですが、何も問題はないと診断されました」

「そうでしょうね。人間は脳がストレスを感じると、脳の代わりに身体のあちこちに痛みが生じます。これを**ヒステリー症状というんですが、最も代表的なものが腹痛と下痢なのです**」

「そう言えば、学校から帰って来るなりよくトイレに駆け込んでいました」

「息子さんは相当以前から、ストレスが心身を蝕《むしば》んでいたと考えられます。学校を休んでストレスから逃げ出すことができなかったために、心身症状がさらに悪化して、身体のバランスを崩してしまったものと考えていいと思います」

「かわいそうなことをしました」

「息子さんのような、まじめで融通《ゆうづう》の利かない頑張り屋さんは、白黒のはっきりしないあいまいなグレーゾーンが広がる思春期の集団生活は、ストレス以外の何物でもないのです。一生懸命に安心できる自分の居場所を見つけようとするあまり、心身のエネルギーを使い果たして、チャージ率はみるみる低下したのではないでしょうか」

「不登校になる前は、『疲れた！』『しんどい！』とよく言っていました」

「ひょっとすると、〝空気の読めない存在〟〝こだわりが強くてスルーするのが下手な人間〟として、集団の仲間たちから否定的なメッセージを浴び続けていたかもしれません。いじめに近いこともあったのではないでしょうか」

「はい、そんなことをちらっと漏らしたことがあります」

「この起立性調節障害を、私は〝神様からの贈り物〟と呼んでいます」

「神様からの贈り物ですか？」

「そうです。この贈り物でやっと子どもは苦しい学校生活から解放されるんですよ。

根がまじめなＳＴ気質の子どもたちは、学校は絶対に行かねばならないところだと強く思っています。だから、辛くても、何とか起きられる間は無理をし続けるのです。

朝、身体が言うことをきかないという物理的事実がなければ、本人も不登校を受け入れることはできないし、親もそれを認めてはくれないでしょう。どうでしょうか？」

「そうですね。『お腹が痛い、頭が痛いぐらいで、そんな甘えたことを言ってないで頑張ってきなさい』と送り出していましたから……」

「そうだと思います。だからこそ、**神様が息子さんの命を守るために、起立性調節障害というわかりやすい症状を出現させてくれた**のです。

これで、息子さんの命は救われました。これ以上無理をさせたら自ら命を断っていたかもしれません」

「そうかもしれません。今までに何回も『死にたい！』と口にしたことがありました」

「起立性調節障害はさまざまな条件によって引き起こされるものですから、一つに断定することはできませんが、まずは息子さんのようにＳＴ気質を持つお子さんは、もともと身体のバランスを崩しやすい体質を持っていることを頭に入れておいたほうがよいでしょう。ですから、**家族でＳＴ気質についてご理解いただく必要があります。**

昼夜逆転そのものに関しては、**全面休養が許容されれば改善されていくと思います**

が、大事なことは、その間に本人にとっての得意探しが成功するかどうかです。五感力をベースにした得意分野が見つかると、折れない心も育ってきます。今は学校復帰を考えるより、そちらをぜひ優先してください」

「はい」

「起立性調節障害であるかどうかは、正確には医師に判断をあおぐことをお勧めします。そのうえで、次は新しい学びの場を考えましょう」

「新しい学びの場ですか?」

「はい、息子さんが安心してコミュニケーションが展開できる場所です」

「そんなところがあるのですか?」

「私は、**スペシャルタレント気質の若者たちには積極的に海外留学を勧めています。**それは、海外のほうが〝イエス・ノー〟がはっきりしていて、日本のように〝あうんの呼吸〟だとか〝暗黙の了解〟〝建前と本音〟などという、スペシャルタレント気質の人たちが最も苦手とする、相手の言葉の裏を読み合う必要がないからです」

「なるほど!」

「英語では、年上であろうと年下であろうと同年代であろうと、または同性、異性にかかわらず、二人称はシンプルにＹｏｕだけで事足りるのです。日本のように、〝あなた〟〝お前〟〝君〟〝○○さん〟〝××ちゃん〟などと、相手によって使い分ける必要はないのです。親しくなれば年齢に関係なくファーストネームで呼び合います。

このシンプルさがスペシャルタレント気質の人たちにぴったり合うのです。そして、思っていることを遠慮せずに表現することがコミュニケーションにおいては重要とされるので、空気が読めないなどと否定されることもありません」

「それはありがたいですよね」

「神様の贈り物であるお休みの間に、新しい学びの場としてぜひ、海外留学のことを前向きに考えてみてください」

解決ポイント

◆ＳＴ気質の持ち主は、もともと身体のバランスを崩しやすい体質であることを理解しておく

◆学校への復帰を考えるより、五感力をベースにした得意分野を見つけてフォローしてあげる

6 強迫的にこだわりの強い高一男子

「不登校になっている高一の息子なんですが、こだわりがすごいんです」

「どのようにすごいのですか?」

「毎日朝方三〇分もシャワーを浴び、一日に何度も下着から着る物のすべてを着替えますし、食べる物は、鳥のささみとおからパウダー、豆乳だけなんです」

「それじゃあ、やせてしまいますね」

「はい、醜く太るのがいやなんだそうです」

「今、どのくらいの体重なんですか？」

「身長は一六〇㎝ちょっとで、体重は四〇kg前後だと思います」

「それは、男性としてはやせすぎですね」

「『それでも太っているぐらいだ！』と言って聞く耳を持たないんです」

「こだわりの強さはいつ頃からですか？」

「**小学校ぐらいまでは、〝天然〟って言われるぐらいのほほんと育っていました。**ちょっと発達が遅いかなって心配したぐらいです。それなりに友達もいましたし……。でもマイペースでしたかねぇ……。自分がゲームなんかやっている時は、友達から電話がかかってきても知らんぷりですし、友達の好き嫌いははっきりしていました。でも、こだわりの強さはそんなに感じなかったですね。

ところが、**中学校の最後の時期に登校しぶりが始まったあたりから、手を繰り返し洗ったり、髪型を異常に気にしたり、歯を一時間以上みがき続けたりと、驚くような行動が目立ってきて、しだいに食べ物へのこだわりまで強くなってきました。**一時期

はおから しか口にしないことがありました」

「きっと本来のスペシャルタレント気質（ST気質）が思春期になって強まってきたんでしょうね。三食おからだけですか？」

「はい、おからパウダーというんですか？　糖質制限食を自分で作ってみたり、油を一切カットしたりと、いろいろ工夫をしていました。今でも私の作ったものは一切口にしません」

「食べたものを吐くというようなダイエットではないのですね？」

「それはありません。本人は無駄な脂肪を摂らない究極のダイエットだと言っています」

「すごい努力だし、その意志の強さには敬服します」

「そうなんですよ。このこだわりをほかのことに振り向けてくれるといいんですが……」

「そうですよね。**そのこだわりの強さ、没頭力、新奇探求心、継続力、五感力の鋭さ、どれをとっても彼の素晴らしい資源だと思います。**

しばらく彼が納得いくまでやらせてあげたらどうでしょうか？　素晴らしいダイ

エット法を開発して、多くの人の役に立つことができるかもしれませんし、彼には大きな可能性を感じます」

「そんなに楽観的に考えていいのでしょうか？」

「このような強迫的行動は、ストレス耐性に弱さがあるST気質の若者たちにキャパシティを超えたストレスが襲いかかった時に、二次症状の一つとして現れます。

心身のチャージ率が低下すると二次症状が強まります。**安心できる居場所で、ストレッサーから離れて休養を取り、自分の得意分野を見つけ、その得意領域にエネルギーを注入できたら、心身のエネルギーも回復し、それとともに強迫的行動も少しずつ減っていきます**」

「では、学校へ無理して戻すことは考えないほうがいいんですね？」

「そうですね。**しばらくは、食事療法によるダイエット作戦を、未来につながる学習の一環ととらえて応援してあげたらどうでしょうか。**

今は、彼のやっていることに干渉したり介入したりせず、彼の今をあるがままに受け入れてほしいと思います。彼の感覚はやや過敏ですが、至極まっとうな感覚です。押しつけられることや、常識といわれるものは受け入れません。彼の感覚が納得したことでなければ先に進めないのです」
「はい」
「彼の強迫的な行動がもう少しおさまったところで、彼の気質に合った、マイペースが尊重され、こだわりが受容されるような学びの場を、彼と一緒にじっくり検討してみてください」

解決ポイント

◆その子のこだわりの強さ、没頭力、新奇探求心、継続力、五感力の鋭さは素晴らしい資源だと認識する

◆しばらくは、食事療法によるダイエット作戦を、未来につながる学習の一環ととらえて応援してあげ、脅迫的行動が少しおさまるのを待って、気質に合った学びの場を一緒に検討する

7 引きこもる高二男子

「高二の息子が引きこもって、社会復帰ができずに困っています」

「学校に行けなくなって、どのくらいになりますか？」

「そろそろ半年になるでしょうか」

「家族との交流は？」

「ほとんどありません。**食事もほとんど自分の部屋でしますし、風呂は家族が寝静まってからシャワーを浴びているようです。被害妄想が強くて、部屋に目張りをしています**」

「どんなお子さんでしたか？」

「小さな頃からこだわりの強い子どもでした。**自分のおもちゃ箱を家族が触ろうものなら大騒ぎでした。Tシャツやパンツも同じものを何着も揃えたり、食べ物の好き嫌いも激しくて苦労しました**」

「そうですか。何かほかに気になったことは？」

「気になったというより、**ほかの子どもより知的発達が早かったように思います。とにかく本を読むのが好きで、三歳頃には『大きな機関車ゴードン』という本を早口で読んでいました**」

「天才的ですね」

「**小学校に入っても記憶力が抜群で、勉強の面では苦労することもなく、私立中学校の受験も難なくクリアできた**ので安心していたんです。ところが、中学校生活の最後の頃から体調を崩すことが多くなって、一応高校はエスカレーター式なので進学はできたんですが、最初からつまずいてしまいました。

一年生の間は休みが少しずつ増えたものの、それでも学校の配慮もあってだましだまし何とか通ったんですが、二年に進級するとパタッと行けなくなってしまったのです」

「本格的な不登校が始まったわけですね」

「はい、不登校が始まった頃は、それはもうひどい状態でした。**『みんなが自分の悪口を言っている！』『みんなの視線が怖い！　みんなが自分をにらんでいる！』と言い出し**ましてね。部屋には鍵をかけて閉じこもるようになってしまったんです。そして、ドタンバタンと壁を蹴り飛ばしたり、教科書やバッグを窓から放り投げたり。時には大声で泣き叫んだりするものですから、それを止めようとしたら大暴れして、警察を呼ぶ羽目になってしまいました。

情けないやら悔しいやらで、私も仕事どころではなく一週間仕事を休んだほどです」

「それは辛い思いをされましたね」

「夫婦でショックを受けて、精神科で安定剤をもらっている有様です」

「本人は診察を受けたんですか？」

「いいえ、何度か連れて行こうとしたんですが、そのたびに、『俺は病気じゃない！』と大暴れするものですから、病院には行っておりません」

「そうですか。診察を受ければ、**統合失調症**という診断が下されるかもしれませんね」

「やはり、そうでしょうか」

「でも、息子さんの場合は、統合失調症的症状も出ていますが、それだけではありませんよね」

「はい、『死にたい！』と騒ぐこともありますし、気分の変動も激しいです。**ハイテンションの時期があるかと思うと、一気に落ち込んで風呂にも入らないし、カーテンも閉め切って身動きもままなりません**」

「とすると、**双極性障害（そううつ病）**の症状も出てるようですね」

「それ以外にも、家族が触れたところには、細菌が付着していると言って、殺菌消毒を繰り返していた時期もあります」

「**強迫性障害**も現れていたようですね。きっとほかにもさまざまな**重ね着症状**が出ていると思います」

「重ね着症状ですか？」

「そうです。五感力は鋭いけれどストレス耐性に弱さのある人たちは、ストレスの蓄積によって、二次症状として複合的な病理を引き起こしやすいと、精神科医の星野仁彦さんが提唱されています。**ＳＴ気質をベースとして、次々に症状が重ね着のように積み重なっていくと、もともとの原因であるＳＴ気質の存在は覆い隠され、重ねられた最も目立つ症状が診断されることが多いのです。**

診断を受けた時に顕著だった症状によって病名がつき、その症状の改善のために治療が行われても、そのベースとなるＳＴ気質への理解がないと、治療は効果を生みません。目立っている症状は対症療法にて抑えることはできても、今度は別の重ね着症状が出現してしまうのです。いわゆるイタチごっこです。

息子さんのように、統合失調症とうつの症状が複合的に出現している場合、統合失調症として投薬治療が開始されると、うつにはマイナスに作用することがあります。うつには五感を刺激する薬が有効ですが、統合失調症には五感を鎮める薬が有効なのです」

「効き目が逆なのですね」

「はい、お医者さんは薬を出すのが仕事なので、何かしらの病名をつけようとします。

しかし、**薬物治療のすべてを否定するわけではありませんが、ＳＴ気質をベースとし**

た二次症状を根本的に解決するには、カウンセリングが大きな役割を果たします。カウンセリングを通して、このST気質への理解を深め、自らの取扱説明書を作成することが、最良の治療法だと思っています」

「具体的にはどうすればいいでしょうか？」

「息子さんは、生まれつき鋭い聴覚・視覚などが、学校生活のストレスによってさらに限界を超えて過敏となり、幻聴・幻視という幻覚症状を引き起こしただけでなく、感情コントロール機能にも障害が生じていると推察されます。もうしばらくはストレスを遮断した環境で、骨折してしまった心の傷を癒す必要がありそうです。**ゲームでも何でもいいですから、彼が少しでも楽しいと思うことを存分にやらせてあげてください。**楽しいと思えること、ホッとできる時間が少しずつ増えて行けば、セロトニンというハッピーホルモンが分泌するようになって、気持ちが少しずつ安定してきます。そのうえで、本人の得意探しを家族みんなで応援してあげてください。必ず五感力をベースにした得意分野が見つかるはずです」

「はい」

「得意分野が見つかれば、苦手な分野も見えてきます。得意分野にエネルギーを注ぎ、苦手な分野は人に助けてもらうという、**自分の取扱説明書が持てるようになると、生き方もぐっと楽になると思います」**

解決ポイント

◆重ね着症状が出ている場合の投薬治療は注意が必要。根本的解決はカウンセリングも併せて取り組む

◆ゲームでもよいので、何か楽しいと思うことを存分にやらせてあげる

8　兄妹げんかの激しい高二男子と中三女子

「兄妹げんかが

激しくて困っています」

「そんなに激しいんですか？」

「はい、兄のほうが、最初は『うぜぇ！』から始まって、すぐに『死ね！』『ぶっ殺す！』とエスカレートするんです。それに対して、妹のほうも負けてはおらず『お前こそ、死ね！』『消えろ！』と逆襲し、それが物の投げ合いになり、ついにはけり合いに発展するんです。

そのせいで家の中はボロボロです」

「それはすさまじいですね。喧嘩が激しくなったのはいつ頃からですか？」

「もう小さな頃からです。一緒にいると、兄のほうがすぐに手を出すのでできるだけ一緒に遊ばせないようにしてきたんですが、ここにきて、兄のほうが学校に行けなくなっていることもあって、妹のほうが兄に対して、『男のくせに情けない！』って、今までのうっぷんを晴らすように攻撃するんです。それに対して兄が逆ギレして、

『ぶっ殺す』の連発になるんです」

「おおよそ事情はわかりました。お兄さんは、もともとどんなタイプのお子さんなんですか？」

「一人で戦隊ごっこで遊ぶのが好きで、こだわりの強い性格です。自分の思いどおりに遊べないと癇癪《かんしゃく》を起こしてしまうんです。特に妹が生まれてから、その一人遊びが邪魔されると、叫ぶだけでなく手が出るようになりました。

妹のほうは、動きの激しい多動タイプで、不用意に兄の領域に入り込んでしまうものですから、どうしてもトラブルになってしまって……」

「それは大変でしたね」

「兄のほうが学校生活に苦戦するようになってからは、特に兄の言葉が荒々しくなってきて、それに比例して妹のほうも応戦力が強まって、収拾がつかない有様です」

「とすると、**お互いがストレッサーになっている**んですね」

「ストレッサーって？」

「ストレスの原因と言ってもいいかもしれませんね。兄妹のお互いがストレスの原因だとすると、ストレスを避けるためには、距離を取るしかありません。顔を合わせないのが一番なのです。どちらかが家とは別の所で生活することは可能ですか？」

「例えば？」

「祖父母の家とか、あなたの兄弟の家とか……」

「夫の実家は遠いので無理ですが、私の実家なら母が一人で住んでいるので何とかなるかもしれません」

「でしたら、**すぐにでもどちらかを一時的に預かってもらったほうがいい**と思います。どちらが祖母と波長が合いそうですか？」

「妹のほうが料理もできますし、少し落ち着いて受験勉強もできるかも……。電車を乗り継げば一時間弱で学校も通えると思います」

「だったら好都合ですね」


「将来的にはどうなるんでしょうか？」

「まず、**お兄さんにとって自宅を安心できる居場所にしましょう。**『高校は辞めてもいいし、休学してもいい』と宣言してあげて、学校生活のストレスから解放してあげましょう。そのうえで、興味関心のあることに時間のウエイトをかけるように応援してあげてください。

ST気質の子どもたちは、ストレスのかかる場面や自分が受容されていないと感じると、言葉のピースがとっ散らかってしまうことが多いのです。そのために、必要なピースを順序良く並べて、自分の内なる思いをスムーズに表現することができません」

「小さい頃は、やったことの説明を求めると、真っ赤な顔をして黙り込んでしまうことがよくありました。それでまた叱ってしまうことの繰り返しでした」

「自分の気持ちにピタッとくる言葉を探しているうちに、時間ばかりが経過して、その努力が面倒臭くなり、どうせ、自分の気持ちを一〇〇パーセント表現できないのなら、ゼロでも同じだと思うようになると、言葉のワンパターン化が強まるのです。

ムカつきを『死ね！』、不安感を『死にたい！』というように、過激で攻撃的な表現が周囲を驚かせてしまいます。**特にストレスのかかりやすい思春期が、最も言葉が二分化する時期**だと言えるでしょう。

この思春期を越えて、自分の得意分野に自信が持てるようになると、発せられる言葉も柔らかくなりますし、感情の爆発も少なくなってきます」

「そうですか。少しずつ落ち着くんですね？」

「そうですね。自分自身でこの気質を受け入れ、感情を爆発させないで済むように、ストレッサーとの距離を取れるようになることも大事です。まずは、家族全体でＳＴ気質を理解し、自分たちが刺激に反応しやすいＳＴ家族であることを受け入れるところから始めてみてください。

一日も早く、ご兄妹がお互いの応援団として助け合う日が来ることを願っています」

解決ポイント

◆兄妹同士がストレッサーとなってしまっているので、まずは顔を合わせないようにするために二人の距離を取るようにする

◆家族全体で自分たちが刺激に反応しやすいＳＴ気質を持った家族であることを理解し、受け入れることから始めてみる

9 摂食障害《せっしょくしょうがい》の高二女子

「娘があまりにもやせすぎで心配です。病院に行こうとしても、『私は病気じゃない！』の一点張りで動こうとしません」

「体重はどれくらいなんですか？」

「三五kgを切ってしまっています」

「身長は？」

「一六〇cmはあると思います」

「とすると、やせすぎですね」

「お嬢さんはいくつですか？」

「今、十七歳です」

「そうすると、高校二年生？」

「はい、そうです。一年ぐらい前から、ダイエットすると言って野菜中心の食生活にしたのはよかったんですが、やはりお腹が空くらしくて、夜中に我慢できずに自分で料理して食べてたようなんです。当然太りますよね。それで今度は、食べたものを吐き出し始めて……」

「それで体重が減り始めたんですね？」

「はい、急激に！」

「やせる前の体重はどのくらいだったんですか？」

「割とポッチャリでしたから、五二〜五三kgぐらいはあったんじゃないでしょうか」

「生理はどうですか？」

「この頃は止まっているようです」

「学校には通えているんですか？」

「朝起きられないので、母親が送り迎えをしています」

「ここまでやせると、学校生活にも影響が出ますよね」

「はい、貧血で何回か倒れたようです。**保健室の先生も入院するように勧めてくれてはいるんですが、何しろ頑固で、人の言うことを聞かない**んですよ」

「幼い頃はどんなお子さんでしたか？」

「**何でも一生懸命に取り組む子で、自慢の娘でした。ピアノもうまいし、書道・絵の才能もあり、あちこちのコンクールで入賞していました。ただ、完璧主義のところが多少気になっておりました**」

「こだわりが強いところがあったんですね？」

「そうです。ほどほどに済ますことができないので、がんばりすぎてそのうちにつまずかなければいいなと内心思わないでもありませんでした」

「やはり、そうですか。**摂食障害になるのは、お嬢さんみたいにまじめな優等生で、**

何でも完璧を目指して頑張るタイプが多いんです」

「そうなんですか」

「ダイエットにチャレンジしてその目的を達成し、その状態を維持することは並大抵の精神力ではできないのです。こうと決めたら最後までやり通す強い意志力の持ち主でないと、体重を三五kg以下に落としたうえで、さらにやせ続けることはできません。ある意味、〝あっぱれ！〟と称賛したいほどの取り組みだと言えるでしょう。

摂食障害は、特別な能力がないと踏み込めない領域であると思います」

「……」

「私が今まで見てきた例で言うと

成績優秀

美貌

プライドの高さ

やせ願望

完璧主義

こだわりの強いST気質

という共通項があります。そのため、一度決めたら頑固《がんこ》一徹《いってつ》となり、人のアドバイスに耳を貸さず、自分の興味・関心のある世界をとことん追求してしまうことになるのです。

興味・関心の対象が研究や芸術・スポーツなどの世界や物作りの職人の世界であれば、素晴らしい成果を発揮することにつながりますが、ダイエットにはまってしまうと、このＳＴ気質がマイナスに作用してしまうのです。一直線に突き進むだけで、引き返したり方向転換が容易ではありません」

「困ったもんですね」

「この気質の人々は、生まれつき感覚が過敏のため刺激に過剰に反応し、その刺激に快楽反応が生じて取り込まれやすいのです。お嬢さんもやせたことで、周囲に評価してもらえたことや、今まで着られなかった服が着られるようになったことなどが快楽刺激となって、その快感が忘れられなくなる依存症状に陥ってしまったものと考えられます」

「依存症ですか？」

「はい、**やせることに快感を覚え、止めようと思っても、もう自分ではコントロールできない深刻な依存症状**だと思います。少しでも体重が増えることに恐怖感を抱き、やせ続けることしかできないのです。こうなると薬物依存と同じで、**自分の力だけで**

はこの負のスパイラルから抜け出すことは困難になるのです。そこまで体重が落ちてしまうと多くの場合、**生理が止まり、貧血も進行し、思考も混乱するなど、日常生活にも支障が出てきます。こうなると入院治療の必要があります**」

「やはり、そうですよね」

「しかし、このST気質への理解が家族ぐるみで深まり、本人も自己認知できないと、一時的に回復してもまた、同じことを繰り返してしまうことがあります。

自分がST気質であることを受け入れ、こだわりの強さ、刺激への反応の鋭さ、並外れた五感力と集中力を、もっとほかのことに振り向けることができたら、自分に対する自己評価も高まり、やせた自分にこだわることもなくなります」

「はい、ぜひ、そうなってほしいと思います」

「摂食障害になる人たちは、素晴らしい才能の持ち主たちです。思春期における自尊感や存在証明が揺らぎ始めた時に、やせ願望という悪魔のささやきに誘い込まれ、ブラックボックスにはまってしまうのです。

ご両親がお嬢さんの豊かな才能のファンとして、お嬢さんの自分探しをサポートできると、お嬢さんのゆがんだやせ願望は解消していくと思います。

素晴らしい才能を花開かせるためにも、まずご家族でカウンセリングを受けられることをお勧めします」

解決ポイント

◆摂食障害は、特別な能力がないと踏み込めない領域。娘さんはこうと決めたら最後までやり通す強い意志力の持ち主であることを認識する

◆親がその才能のファンとなってサポートしてあげる。そして、家族でカウンセリングを受けるようにする

10 リストカットを繰り返す高二女子

「高校二年の娘の

リストカットがエスカレートして、上腕部から胸の一部にも広がっています」

「いつ頃からですか？」

「高校に入って、少ししたあたりだったと思います」

「何かきっかけとなるようなことがありましたか？」

「はい、**友達関係がうまくいかなくなって学校へ行けなくなりました。そのうちに昼夜逆転が始まって、精神的にも不安定になり、家族とのコミュニケーションも拒否す**

るようになってしまいました。その頃にはもう始まっていたのではないかと思います」

「小さい頃、自傷行為めいたことが何かありませんでしたか？」

「小学校の高学年の頃に、頭髪をむしってしまったことがあります」

「その程度は？」

「ほとんどむしってしまったので、かつらをかぶらせていました」

「その頃、何か本人にとってストレスになる出来事がありませんでしたか？」

「はい、**もともと夫婦仲が悪くて、その直前に離婚したんです。娘は父親っ子だったので、離婚には反対していました**」

「そうですか。とすると、**対象喪失による自傷行為**が起きたのかもしれませんね」

「対象喪失？」

「はい、愛着のある物（人）を突然失った時に、その喪失感によるショックで精神的に不安定になることがあります。**その心の痛みを一時的に忘れるために、肉体的な痛みを自分に与えることがあるのです。防衛機制の一種だと言えるでしょう。**

もう一つは、ＳＯＳのメッセージでしょうか」

「ＳＯＳ？」

「そうです。『私は、こんなに悲しくて辛い！』というメッセージを、言葉の代わりに自らを傷つけることによって発信していたのではないでしょうか。**自傷行為は言葉にできない内なる悲しみや辛さを表現する、非言語メッセージだと思います。**

娘さんは、自分の内なる思いを言葉にして伝える言語メッセージには、自信がないタイプなのではないでしょうか」

「そうだと思います。**何でも一人でためこむタイプです。**特に父親が出て行ったあとは、私にも心を開かなくなりました」

「ご家庭ではその後、娘さんにとって心理的な負担となるような出来事は起きていませんか？」

「……」

「例えば、お母さんに新しいパートナーが現れたとか……」

「それが、リストカットに関係しているとおっしゃりたいんですか？」

「はい、無理のない範囲でお話しいただければ、娘さんを救う道筋も見えてくるかと……」

「確かに、**結婚したいと言ってくれている人がいます**」

「それを、娘さんにも話されたんですか？」

「きちんと話した訳ではありませんが、何度か家に来たこともあるので、おおよそのことはわかっていると思います」

「きっと、**新たな喪失不安におびえ続けているのだと思います。と同時に、孤立感にも襲われているのかもしれません。**

『どうせ、私は一人ぼっちなんだ！　大好きなお父さんにも捨てられたし、今度はお母さんにも捨てられそうだ。私なんか、誰からも必要とされていないんだ！』という悲しみを、これでもかこれでもかと、自分の身体を傷つけることによって、訴え続けているのではないでしょうか」

「……」


「ご主人はどんな人でしたか？」

「**夫は精神科の医者をしていました。頭はいいのですが空気が読めないので、私の家族や親戚とはトラブル続きでした。子どもとも接し方がわからないみたいで、ベタっと猫かわいがりするかと思うと、まったく無視してしまったり、とても極端でした**」

「とすると、頭のいい方に多いスペシャルタレント気質（ＳＴ気質）の持ち主だったのかもしれませんね」

「スペシャルタレントかどうかはわかりませんが、**娘の性格は別れた夫にそっくり**です。気分の変動が大きくて、一緒にいるこちらが疲れてしまうんです」

「そのために娘さんも、生き辛さを抱えているんだと思います。その上に喪失体験・喪失不安が重なって、一気に気分が落ちてしまったんじゃないでしょうか。

オールオアナッシングの気質なので、否定的な出来事に遭遇すると、自分の未来がピタッと閉じられたように感じられて、気持ちが折れてしまうのでしょう」

「リストカットを続けていて、死んでしまうことにはならないんでしょうか？」

「その心配はいらないと思います。**リストカットは、死ぬことを目的としているのではなく、『幸せに生きたい！』という気持ちの反映ですから、メッセージに込められた思いを理解してあげたら治っていきます**」

「……」

「まず、**『生まれてくれてありがとう！』と言葉をかけてあげてください。**言葉ではうまく言えない時には、手紙でもメールでもかまいません。娘さんの存在を丸ごと承認してほしいのです。

そして、『たとえ再婚しても一人ぼっちには絶対しない！』とか『あなたが二十歳になるまでは結婚しない！』とか、娘さんの喪失不安を取り除くような、わかりやすいメッセージが伝えてあげられたら効果的だと思います」

「わかりました」

「そのうえで、娘さんの持つ才能を一緒に探し出し、得意分野を伸ばす応援をしていただければ、必ず娘さんの自己肯定感も高まっていくことでしょう。

そうすれば、自分の身体を傷つけるという否定的な非言語的コミュニケーションではなく、自分の想いを言葉にして相手に伝える言語的コミュニケーションへと脱皮できるのではないでしょうか。

そのために、親子でＳＴ気質について学んでいただければ幸いです」

解決ポイント

◆リストカットは「幸せに生きたい！」という気持ちの現れ。そのメッセージに込められた思いを理解し、存在を否定せずに承認してあげる

◆喪失不安を取り除いてあげるようなメッセージを伝えてあげる

11 仲間とのトラブルを繰り返す高二女子

「高二の娘ですが、トラブルメーカーとして、学校を変わったらどうかと勧告を受けています」

「どんなトラブルを起こすんですか？」

「友達に対する好き嫌いが激しいのです。せっかく仲良くなった友達を、ちょっとした行き違いから激しく攻撃してしまうんです。もともと、目立つことが好きな子で、友達も次々に変わる傾向はあったんですが、高校に入ってからは特にこの傾向が激しくなってきて、心配はしていたんですが……」

「友達との距離の取り方が上手ではないんですね？」

「はい、**これはという友達が見つかるとのめりこんでしまって、一〇〇％の同調を相手に求めてしまうん**です。登下校も一緒じゃなきゃいやだし、夜も遅くまでラインでやりとりしています」

「二四時間つながっていたいんでしょうね」

「今まで何度も友達を失っているので、今度こそはと余計に執着してしまうんだと思います」

「わかるような気がします」

「それが相手にとって負担になるのが見えないんです」

「そうなんでしょうね。**相手が負担を感じて少しでも距離を置こうとすると、見捨てられ感が一気に湧き上がってきて恨みの感情へ転嫁し、相手の存在を否定する攻撃的行動を展開することになってしまう**んだと思います」

「はい」

「オールオアナッシングの二分化思考の持ち主だとすると、〝まあいいか〟〝仕方がない〟などの切り替え力に弱さがあり、ほどほどという手加減ができにくいのだと思います」

「そのとおりだと思います」

「幼い頃から、二分化思考を感じることはありませんでしたか？」

「そうですね。食べ物の好き嫌い、人見知りも強かったですし、幼稚園の園長先生が嫌いで、朝の登園をぐずったり、途中でいなくなったこともあります。学校も勉強も得意・不得意が極端でしたね。そのくせ幼稚園の学芸会では、主役じゃなきゃいやだと騒いでみんなを困らせることもありました」

「五感力の鋭さはどうでしたか？」

「**音には敏感で、ピアノも一度先生が弾いてくれたら譜面も見ずにすぐに弾きこなすし、味覚も鋭いところがありました。色にもこだわりがあって、洋服も靴もバッグもすべてピンクで揃えないと癇癪《かんしゃく》を起こして大変でした**」

「そうでしょうね。五感力は豊かですが、人に合わせることの苦手なスペシャルタレント気質（ST気質）のお子さんだと思います。**人と同じことを要求されるのがいやで、常に人と違うオリジナルな環境を必要とする人**なのでしょう。人との関係で言えば、**相手の望むような距離ではなく、自分本位の距離でしか付き合えない**のだと思います」

「きっとそうだと思います」

「ピュアで裏表がなく、一途《いちず》にアプローチするしか方法を知らないのです」

「わが娘ながらかわいそうですね」

「はい、それがゆえに、その一途なアプローチを相手に全面的に受け入れてもらっている間は幸せですが、相手が重たく感じた時は悲劇が生じることになるのです。

ほかの人であれば、スルーできるような何気ない一言や態度が娘さんには、全人格を否定されたように感じられ、相手が許せなくなってしまうのだと思います。

そしてそれは、相手に対する激しい攻撃的な感情の爆発となって現れ、相手を苦しめることになるのです」

「『友達をやめさせなければ、死んでやる！』って大騒ぎしまして、相手の保護者からも激しい抗議が学校に寄せられているようです。どう対応したらいいでしょうか？」

「ST気質の二次症状の一つに、境界性パーソナリティー障害というものがあるんですが、娘さんの言動はそれに近いと思われます。

もともと、五感力の豊かな子どもたちは、ストレスに弱いため、**思春期にはさまざまな二次症状が重ね着のように複合的に出現します。**娘さんはきっと、ほかにも症状が出ていると思いますがどうですか？」

「はい、**夜眠れないとか、人の視線が気になるとか、手を何度も何度も洗ったりしています**」

「そうでしょうね。とすると、精神的にも肉体的にも限界状態なので、この際少しお休みをしたほうがいいと思います。

そのうえで、ここは徹底して娘さんの気持ちに寄り添ってあげてください。**『大好きな友達とすれ違って悲しかったんだね』と丸ごと受容し、傷ついている娘さんの心を癒していただきたいと思います。**

そして、**娘さんの素晴らしい感性と能力を認めてあげたうえで、人間関係は相手があることだから、一〇〇パーセント思いどおりにいくということは少ないこと、娘さんの内包するオールオアナッシングの二分化思考、傷つきやすく切り替えができにくい気質について、丁寧に話をしてあげてください」**

「はい」

「そして、**当面同級生のお友達を求めないこと。〝ぼっち〟を受け入れる覚悟が必要です。どうしても、自分のことをわかってくれる友達が欲しかったら、学校外で異年齢の人たちとの関係を築くことをお勧めします。**

地域の趣味の会、カルチャースクール、市民楽団や演劇サークル、ボランティア、アルバイトなど、異年齢の人たちの中に入って人との距離の取り方や、相補的なコミュニケーションを学べばいいのです。年上の人たちは、娘さんのソーシャルスキルの偏りを受容的に受け止め応援してくれると思いますよ。

学校の同級生では、娘さんの気質を理解し受容的に接してくれることは難しいと思います」

「この先、学校はどうしたらいいでしょうか？」

「やめてしまって転校するというのも一つの方法ですが、娘さんが自分への気づきが深まらないと、同じことの繰り返しにしかなりません。**しばらく休学して、学校外の体験を積むということを優先**されたらどうでしょうか」

「そうですね」

「私個人としては、娘さんは優れた五感力の持ち主のようですから、思い切って芸能活動にチャレンジしてみるのもいいかなと思います」

解決ポイント

◆全面的に娘さんの気持ちに寄り添い、傷ついた心を癒してあげる。そして、気質についてや人間関係についてを丁寧に話してあげる

◆しばらく休学して学校外での体験を積んでみる。当面の間は同級生のお友達を求めず、もし友達が欲しくなったら学校外の異年齢の人たちと触れ合ってみる

12
毒親を拒否する高二女子

「どこでもいいから、私を精神病院に入院させてください。もう壊れそうなんです」

「どうしましたか？　心を落ち着けて話を聴かせてください」

「はい、でも**反論しないで私の言うことだけを信じてくださいね！　少しでも反論さ**

れたら、あなたもほかの大人たちと同じだと思ってすぐにここを出て行きます」

「わかりました。今日は全面的にあなたの話を聴きますから、安心して心の中に溜まっているものを吐き出してください」

「私の母親は毒親なんです！」

「毒親？」

「そうです。『**あなたのためよ！**』**が口癖で、自分の価値観を押しつけてくるんです。**小さい頃は、私の力が弱かったので、あきらめて従っていたのですが、小学四年生ぐらいから母のやり方が許せなくなってきたのです」

「思春期に差しかかった頃ですね」

「はい、でもその時期は母親に自分の意志を示すことができず、**言いなりになって私立中学の受験勉強をし、結局、自分の意志とは裏腹に私立の中高一貫校に進学**したのです」

「それは頑張ったね」

「でも、**入試の直前は心身の状態も最悪で、気力で持たせたといった感じです。『もし、合格できなかったら、親子の縁を切られるんじゃないか』という強迫観念に支配されて、地獄の日々でした。**

郵便はがき

料金受取人払郵便

麹町局承認

2022

差出し有効期間
2022年4月
6日まで
（切手不要）

1 0 2 8 7 9 0

216

東京都千代田区五番町10番地
JBTV五番町ビル2F
学びリンク㈱　編集部

『家族が変わるとき』係

フリガナ

お名前　　　　　　　　　　　　　　（　　　歳）（男・女）

お子様をお持ちの方　人数　　　人／年齢

ご住所　〒

電話：　　　　　　　　　　　　ご職業：

E-mail：

ご購入方法：　1：書店　　2：ネット　　3：その他

～ 学びリンク　愛読者カード ～

この度は本書をお買い上げいただき、誠にありがとうございます。今後の参考にさせていただきたいと思いますので、よろしければ以下の質問にお答えいただき、該当するものに○印をお付けください。もれなく記念品を贈呈いたします。

1．本書を何でお知りになりましたか

A：書店の店頭で　B：知人に聞いて　C：本や雑誌の広告　D：新聞で

E：インターネット（サイト名：　　　　　　　　　　　　　　　　）

F：講演会　G：その他（　　　　　　　　　　　　　　　　　　　）

2．お買い求めの動機をお聞かせください

A：著者の他の本を読んで　B：タイトルに惹かれて

C：興味のあるテーマ、ジャンルだから　D：カバーデザインがよかった

E：その他（　　　　　　　　　　　　　　　　　　　　　　　　）

3．本書をお読みになったご感想など、ご自由にお書きください

4．森薫の講演会などの資料送付をご希望になりますか

A：はい　B：いいえ

5．お寄せいただいたご感想などをHP等に掲載してもよろしいですか

☐ 実名で可　☐ 匿名なら可　☐ 不可

《ご協力ありがとうございました》

より多くの人の目に触れやすい、インターネット書店にも、ご意見・ご感想をお寄せいただけます。

総合評価など、よければそちらにもご投稿頂けますと幸いです。

そんな私の気持ちを知ってか知らずか、母親は『ほら、私が言ったとおりにしてよかったでしょ！』と、勝ち誇ったように言うんです。『もうこれ以上はかんべんしてよ！』という気持ちで、パンクしそうでした」

「すれ違いを強く感じたんだね」

「中学に入っても、**いくら私が自分でやるからいいと言っても、作文や美術・家庭科の提出物などに手を加えてくる**んです。『少しでも評価が高くなったほうがいいでしょ！』と。**母の手が加えられた作品が高い評価を受けるたび、私は詐欺を働いているような気分にさらされました。**そして、私の〝母親の操り人形でしかない〟との思いがさらに強まったのです」

「自我が目覚めてきたんですね」

「そうかもしれません。とにかく、母親の存在が疎ましくなり始めました。そう思い始めたら、私も極端なところがあるから、**母親のすべてがいやになってしまったん**です。**顔を見るのもいや、声を聞くのもいや、同じ空間で同じ空気を吸うのもいやって感じになって、母親が近づいてくると身体に震えが来るようになって、何度も過呼吸で倒れてしまったのです**」

「激しい拒否反応だねえ」

「それでもう耐えられなくて、家を出たいと言ったんだけど、お金がないと言うし、それなら、この苦しみを軽くできるように精神病院でも何でもいいから入院させてくれって叫んだんです」

「それも極端な話だけど、そのくらい追い詰められているということなんだね」

「そうです。**許せないのは、何か言うと、私を精神障害者扱いすること**なんです。私の言うことは『すべて極端で過激すぎる。正常じゃない！』って一方的に批判してきます。そういう母こそ、私のやろうとすることのすべてにケチをつけ、私の反論はすべておかしいと拒絶するんです」

「そうなんだ」

「自分の言うことは絶対正しく、私の言うことはすべて間違っているって頭から決めつけて、『あなたの意識は少しずれているから、私が修正してあげているのよ。今のままでは社会の鼻つまみになってしまうから、すべてはあなたのためなのよ』と、とにかく私の言うことは全否定なんです」

「とすると、お母さんも、白か黒かはっきりさせたがる傾向が強いみたいだね」

「そうなんです。**私のことを『あなたは、好きか嫌いか白か黒かで、中間がない』って非難するんですけど、母も同じなんです**」

「あなたは、自分の五感力が敏感だと思うことがある？」

「チョーありますよ！」

「例えば？」

「まずにおいに敏感。生ものの腐りかけなんか一発ですね。ほかにも料理の味付けにもうるさいって、いつも言われます」

「やはりね！」

「五感力と母親がうざいことって関係があるんですか？」

「うん、なくはないね。五感力が敏感な人を〝スペシャルタレント〟と呼んでいるんだけど、この人たちは好き嫌いが激しいことが特徴なんだ。白か黒か、ゼロか一〇〇かという二分化思考が強いので、一度いやになるとどうしても折り合いがつけられず、とことん人間関係が悪化することがあるんだよ」

「私もそうだと言うんですか？」

「うん、話を聴いているとその傾向があるかも。お母さんもね。**似ている者同士だからバトルも激しくなる**んだと思う」

「……」

「今まで、友達と揉めたことはない？」

「そう言われると、**仲の良い友達と喧嘩別れしたことが何度かある**かも……」

「**このスペシャルタレントの人たちの固有の気質であるST気質は、自分の得意分野や興味・関心のある分野にエネルギーを集中できれば、素晴らしい才能が花開くことになるけれど、あなたたち親子のように人間関係にエネルギーが向かうと、お互いを苦しめ合うことになりかねない**んだ。今日、ST気質について勉強して帰るかい？」

「はい、ぜひ！」

解決ポイント

◆まずは相談者自身がST気質について学び、自分のことを理解する

◆相談者も母親も同じST気質であるため、より激しくぶつかってしまうので、いったん母親とは距離を置くようにする

13 被害妄想の強い高二女子

「高二の娘が脳内を盗聴されていると言うのですが、そんなことがあるのでしょうか？」

「脳内盗聴ですか……。現実にはあり得ません」

「そうですよね。私たちも繰り返し説得するんですが、**『今自分が考えていることが全部テレビで放映されている。マンションの隣の人に盗聴されているに違いない。盗聴は犯罪だから警察に逮捕してもらう！』と言って、まったく耳を貸さないん**です」

「いつ頃から盗聴されていると言い出したんですか？」

「ここ一か月ですかね。半年ぐらい前から様子がおかしくなって、『テレビのキャスターが、自分の頭の中に浮かんでいることをしゃべっている』『誰かに監視されている』と言うようなことを言い始め、夜も眠らなくなってきたんです」

「心身のチャージ率が下がって、被害妄想が強まってきたんですね」

「言うことが変なので、こちらも怖くなってしまって病院に連れて行こうとするんですけど、**『私は病気じゃない！』って大暴れするものですから手がつけられないん**です」

「小さな頃から神経が過敏すぎるとか、気になるところはありませんでしたか？」

「とにかく手のかからないいい子でした。兄ができのいい子だったものですから、それに負けまいとして何でも頑張る子どもでした」

「こだわりが強いとか、完璧主義な傾向はありませんでしたか？」

「そう言われると、**何でも完璧を求める傾向はあったような気がします。宿題も泣き**

ながらでもやり抜くような子どもでした」

「小・中学校時代の成績は？」

「**ほぼオール五でした**」

「それはすごい！」

「それで、**高校は私立の特進コースに進んだのですが、入学して半年が過ぎた頃から、『疲れた！』と言い始めて、朝に起きられなくなってきたんです。そして、二年に進級すると同時に、学校へ行けなくなってしまいました**」

「完全な不登校が始まったわけですね」

「はい、学校からは先生も来てくださいましたし、私と夫で車に乗せて学校の近くまで連れて行ったこともありましたが、泣き叫んで抵抗しました。

そこであきらめたんですが、娘は部屋に鍵をかけて引きこもるようになり、そして異様なことを口走り始めたんです」

「お嬢さんが小さい頃、五感の鋭さを感じられたことはありませんでしたか？」

「はい、**ピアノは一度聴くとすぐに弾けるようになりましたし、味覚も敏感でした**」

「とすると、お嬢さんは五感力の豊かなスペシャルタレントだと思います。このタイプの子どもたちは、才能が豊かである分、ストレス耐性が低いのが特徴なのです。**目の前のすべての課題を一〇〇％完璧にこなそうと強くこだわる**ので、自分のストレスキャパシティーをオーバーさせてしまいがちなのです。

幼い頃は、目の前の課題もシンプルなので、持って生まれた能力によって容易にこなすことができますが、思春期に差しかかると、こなすべき課題も高度で複雑になり、人間関係も難しくなります。

そんな不安を抱えながらも常に全力投球で頑張り続けた結果、心身のバランスを崩したものと思われます」

「頑張らせすぎたってことですよね」

「**心身のチャージ率が減退したスペシャルタレント気質（ST気質）の若者にとって、ストレスによる二次症状として最も現れやすいのが、統合失調症的な症状です。**先天的に感度の優れた視覚や聴覚がストレスによってさらに過敏となり、境界線を越えて病理の領域に入り込んでしまうのです。

こうなると、**絶対音感と称賛された聴覚は幻聴を生み出し、優れた動体視力は人の視線に恐怖を感じるようになったり、幻視・幻覚を生じたりすることが少なくありま**

せん。

　星野仁彦さんという精神科医は、この二次症状を**重ね着症候群**と呼んでいます。重ね着をすると、重ね着の下にあるものが見えなくなり、重ね着が本来の病理とみなされ、薬づけにされることも多いのです」

「それは困ります」

「お嬢さんの今の症状は、ＳＴ気質からストレスによって派生した二次症状だと思います。ですので、**ストレスの源である学校生活から離れるとともに、自分のＳＴ気質を理解し、マイペース・マイシステム・マイスペースという生活環境を取り戻す必要があります**」

「はい」

「常に競争を強《し》いられゴールの見えない世界は、ＳＴ気質の若者にとっては地獄です。**明確なゴールと短いスパンでの納得いく承認、この二つがないとＳＴ気質の若者たちは、あいまいな世界に投げ出され、ストレスを倍加させてしまう**のです。

　お嬢さんには今、**全面休養と同時に、これまでの頑張りを承認し、彼女の被害妄想的な訴えを否定せずに聞いてくれる存在が必要**です。無理やり病院ではなく、まずはカウンセリングを受けることをお勧めします」

解決ポイント

◆すべての課題に全力で向かってしまうことで心身のバランスが崩れてしまい、統合失調症的な症状が起きている。まずは、重ね着症候群へと進んでしまうことを避ける

◆病院ではなくカウンセリングを受けることから始め、ストレスの元である学校生活を離れ、ST気質を理解し、マイペース・マイシステム・マイスペースの生活環境を取り戻す

第3章

社会に適応できない〈大人たち〉

1 ストーカーに走る男子大学生

「ストーカー規制法違反で息子が逮捕されてしまって……」

「それは大変でしたね。息子さんはおいくつですか?」

「大学二年で二十歳になったばかりです」

「どんな経緯なんですか？」

「大学のサークルで一緒になった女性を好きになりまして、ほんの一時お付き合いをさせていただいたんですが、すぐに距離を置かれるようになったらしいのです。

　ところが息子はそれが受け入れられなくて、引き続き交際の継続を求めて何度も電話やメールを繰り返した挙句、彼女のアパートまで押し掛けることがあって、困った彼女が大学に相談したと聞いています。

　それで**大学から指導を受けまして、そのことを逆恨みしたのか、彼女につきまといを繰り返したうえで、暴力を振るったことで逮捕されてしまった**というわけです」

「息子さんは、こだわりが強いほうですか？」

「はい、幼い頃からかなりこだわりは強いほうです」

「以前にも、こんなことがありましたか？」

「はい、**高校時代にも……。好きな子ができると一途になってしまって、周りのことが見えなくなることがありました**」

「きっと自分の思いだけで行動してしまうんでしょうね。**好きになった人に『自分の思いをわかってもらいたい！』『必ずわかってもらえるはずだ！』と思い込み、相手**

の気持ちに関係なく自分の気持ちを一方的に押しつけてしまうのでしょう」

「そうだと思います」

「相手も同じ気持ちでいてくれる間はいいんですが、気持ちがすれ違うと大変な事になります。相手の気持ちが離れたことを受け入れ、次へと気持ちを切り替えることが大変難しいのです。

ゼロか一〇〇、オールオアナッシングの二分化思考の気質だとすると、愛情が一気に恨み・憎しみの感情へと転化します。愛情から憎しみへと極端に振り子が振れるのです。中間領域がないと言えるでしょう」

「そのくせ、惚れっぽいのです」

「ええ、刺激を受けやすくて、美しい人やかわいい子に執着し、そのうえ独占欲が強いために相手がそこから抜け出すことを許さないのです」


「どう対応すればいいでしょうか？」

「まずは、**自己認知を深めること**です」

「自己認知ですか？」

「そうです。**刺激に反応しやすく、刺激を取り込んでしまうとそれにこだわってしまっ**

て切り替えがきかず、自分をコントロールできにくくなるということ。ほんの少しでも否定されると全人格を否定されたように思い込み、自分を受け入れてくれない人間に対し、恨み・憎しみが膨らみ攻撃的になりやすいこと。自分の思いを絶対視して相手への共感性に欠けることなど、自分を知ることが欠かせません」

「なるほど……」

「息子さんのようなタイプは、五感力が豊かで異才の持ち主なのですが、人間関係能力に弱さがあります。**人との関係を自分中心の距離でしか築くことができない**のです。相手にとって負担を感じるプライベートテリトリーに遠慮なしに踏み込んでみたり、相手を自分中心に振り回したり。自分も相手も共に居心地の良い関係づくりは上手だとは言えません」

「今までの息子を見てると、よくわかります」

「自分も一〇〇％尽くすから、相手にも一〇〇パーセントの見返りを求めるということにこだわってしまうと、相手は疲れてしまいますよね」

「はい」

「疲れた相手は、少しずつ距離を取ろうとします。しかし、オールオアナッシングの人には、この相手の気持ちの変化が読み取れないのです」

「空気が読めないということですね？」

「そのとおりです。それゆえ、相手が会うことを拒否したり、着信拒否というような否定的行動に出た時は衝撃が大きいのです」

「本人にとってみると晴天の霹靂《へきれき》という受け止め方なんでしょうか？」

「きっとそうだと思います。**この相手の突然の変容を自分の中で消化できず、関係の継続を執拗に求めることになると、相手の拒絶行動はさらに強くなり、自分の全人格を否定された気分に陥ることになります。**そこで恨みをはらそうとストーカーという直接行動に訴えることになるのです」

「自己認知できれば変われますか？」

「はい、息子さんに**必要なのは、まずカウンセリングを受けること**です。自分への気づきを深めてもらうところから始めてください。

そして**最も大事なことは、女性に執着するエネルギーを自分の得意分野に振り向けること**です。彼女に向けたエネルギーを得意分野に注ぎ込めば、自分に対する自己肯定感が高まり、少しずつ変われると思います。

息子さんの得意分野は何ですか？」

「建築設計です」

「とすれば、早く働き始めたほうがいいですよ」

「大学は？」

「もし続けられればそれでもいいですが、**実際に仕事を通して、異年齢の人たちにもまれながら設計士の資格を取るほうが、刺激があっていいのではないでしょうか。**

ワクワクドキドキするような刺激的な生活があり、承認欲求・達成感があれば、女性に対する刺激をコントロールすることができるようになると思います」

「もし保釈されたら、カウンセリングをお願いできますか？」

「もちろんです。彼の未来のために、彼の得意探しと夢探しを一緒にしたいと思います」

解決ポイント

◆まずカウンセリングを受け、自分がどのような特質を持っているのか、自己認知を深めてもらう

◆仕事に就いて、異年齢の人たちと接しながら資格を取ることを検討してみる

2 謝れない二〇代女性

「娘が仕事先の人間関係でつまずいて、精神的に不安定になり、家で荒れています」

「どんなお仕事なんですか？」

「**ファッション雑誌の編集**みたいなことをやっていたようです」

「トレンディなお仕事ですね」

「はい、仕事そのものは楽しんでそれなりにいい仕事をしていたようなんですが、上司を始め、周囲のスタッフの方々としっくりいかないと、ずっとこぼしていました」

「具体的には、どんなことなんでしょうか？」

「娘は**自分の仕事に絶対的な自信を持っていて、周囲のアドバイスを受け入れることが苦手なタイプ**なんです。常に自分のスタイルを押し通そうとするものですから、周囲の反発も大きくて、**『もうこれ以上、あなたとは一緒に仕事はできない！』と、つるし上げを喰ったよ**うなんです」

「それは、ちょっと過激ですねえ」

「はい、**そこで少しは謝るそぶりでも見せればうまく収まるのでしょうが、〝自分のセンスは絶対だ！〟というプライドが邪魔をして、頭を下げるどころか『私のやり方は間違っていない！』と反論したものですから、火に油を注ぐような状態になってしまって……**」

「あらあら」

「それからは、誰にも口をきいてもらえなくなってしまったようです。私も何度か謝るようにアドバイスしたんですが、『私は完璧に仕事をこなしていた。仕事のできない人たちのやっかみに、私が頭を下げる筋合いはない！』と強気一点張りでした。

ところが、**しだいに朝起きられなくなり、イライラがひどくなって家でも家族に当たり散らすようになりまして、ここ一週間は仕事にも行けておりません**」

「小さい頃から、謝ることが苦手だったんですか？」

「はい、**何があっても謝りませんでした。**謝ったらそこで勝負に負けたことになると思うのか、目を大きく見開いてにらみ返してくるのです。わが子ながら憎らしく思うことがしょっちゅうでした」

「家族に似た方は？」

「**父親と祖父がそっくりです。父親と祖父は画家なんですが、頑固《がんこ》でプライドが高く、人に頭を下げられないという点ではよく似ています**」

「代々、画家の家系なんですね？」

「はい、娘も**小さい頃から絵を描くことが大好きで、画用紙とクレヨンさえあれば一日中ご機嫌でした**」

「そうですか」

「それで小学校に入ると個人指導を受け始めて、その先生の勧めもあって先生の母校である美術大学に進んだのです」

「それが何で編集の仕事を選ばれたんですか？」

「私たちも当然そっちのほうに進むんだろうと思っていたんですが、『親と同じ道に進みたくない！』と言い始めて……。そうなると、周囲が何を言っても無駄ですから」

「お宅の家系は、スペシャルタレント気質が受け継がれているように思います」

「スペシャルタレント気質ですか？」

「はい、芸術、芸能、スポーツ、医学、科学、化学、高度情報分野などにおいて活躍している人たちが共通して持つ気質で、並外れた集中力や新奇探求心、そして感度の良い五感力が特徴です」

「そうなんですね」

「ただこの気質は、気持ちの切り替えや、否定された時の折り合いのつけ方に弱さがあります。**自分の感覚や思いを絶対的なものとして貫き通そうとするために、人とのすれ違いも起きやすい**のです」

「うちの娘がそうです」

「そして、**観察眼や直観力、分析能力に長けているため、相手の弱点や偽善性などに目が行き、それをストレートに指摘するために、相手を傷つけたり関係を悪化させたりしやすい**のです」

「私も娘の言葉に傷ついたことが何度もあります」

「一方で、**自分が相手から弱点を指摘されたり、アドバイスを受け入れることに強い抵抗を示します。**ほんの些細《ささい》な否定的発言でも折り合いをつけることができず、全人格の否定とみなしてしまいがちなのです。オールオアナッシングの気質は、この辺がやっかいだと言えるでしょう。中間領域がない二分化思考の持ち主ゆえに、学校・企業社会などの組織の中では、どうしても苦戦することになるのです」

「今後、どうしたら……」

「娘さんは**素晴らしい能力の持ち主だと思いますが、企業社会には合わない人**だと思います。**どうしても編集の仕事が好きならば、フリーランサーとしてやっていかれたらどうでしょうか。自分で起業するのもありかなと思います**」

「そうですよね」

「これを機会に、**お父さんから受け継いでいると思われる絵の道に再チャレンジされ**

るのもいいのではないでしょうか」

「はい」

「どちらにしても娘さんが輝くためには、**すべてが自分の思い通りになるワンマン的な立場か、誰にも干渉されずマイペースでやれる世界のどちらかで生きる必要があります。**そういう世界であれば、謝る力の弱さは問題にならないでしょう」

「これからも謝る力はつかないんでしょうか？」

「娘さんが自分の五感力を生かした仕事を通して、周囲からもっと評価されて自己肯定感が高まれば、少しずつ折り合いをつける力もついていくと思います。そのためにも、マイペースで自分の得意分野を追究できる環境を選ばれる必要があると思います。

今回の出来事を否定的にとらえずに、娘さんの未来を考えるいい機会を与えられたと、前向きにとらえてください」

解決ポイント

◆今の状況を「未来を考えるいい機会を与えられた」と前向きにとらえる

◆フリーランサーや起業してみることや絵の道への再挑戦などを検討する

3　パチスロにはまる二〇代男性

「息子がパチスロにはまって、借金の後始末で苦労しています」

「息子さんはおいくつですか？」

「二五歳です」

「どのくらいの頻度でやっているんですか？」

「ほぼ毎日ですね。**仕事の帰りに店が閉まるまでやっている**ようです。帰ってくると、もうタバコ臭くて大変です」

「どんなお仕事をなさっているんですか？」

「**介護施設で一応正規雇用で働いています**」

「給与はどの程度ですか？」

「額面で二〇万円に届いていないと思います」

「とすると、手取り一七万〜一八万でしょうかね？」

「そのあたりですね。それを全部パチスロにつぎ込んでいるようです。そしてそれだけでは足りずにカードで借りるらしく、**今まで何度か一〇〇万円単位で後始末をしてきました**」

「……」

「一人息子なものですから、つい甘やかしてしまって……」

「そうですね。借金しても払ってくれる人がいると思うと懲《こ》りませんよね。当然、次もなんとかなるだろうと学習してしまい、甘えも強まりますから決していい対応だったとは言えない気がします」

「はい、そのことは強く反省しています」


「小さい頃は、どんなお子さんでしたか？」

「一人遊びが好きでプラモデルづくりに熱中したり、動く物が好きでプラレール遊びを飽きずに繰り返していました」

「友達づき合いはどうでしたか？」

「趣味の合う仲間がいれば一緒に遊びますが、基本的には一人遊びが好きなようでした。一人っ子なものですから、仲間づくりができないと困ると思って、**さまざまな習い事をさせたりボーイスカウトに参加させたりしましたが、体調を崩すことが多くてどれも長続きしませんでした」**

「マイペースで過ごせる時間と空間が必要なんですね？」

「はい」

「ほかに得意なことは？」

「カードゲームが得意で、いろんな大会に出て優勝していました。でも父親がゲームそのものに大反対で、力づくでゲームを禁止してしまったのです」

「それはかわいそうに。息子さんのクリエイティブな才能を伸ばすんじゃなくて、逆につぶしてしまったんですね。こういう例はたくさんあります。**子どもの持っている〝人とは違った才能（異才）〟を引き出すのではなく、人と同じことを求めることによって子どもの意欲を摘み、才能をつぶしてしまう**のです」

「それからは、ひたすら勉強をして大学まで行ったんですが、仕事をいくつか転職して今に至っています」

「今までお話を聴かせていただいたうえでの私なりの考えですが、息子さんは五感力の優れたスペシャルタレント気質（ＳＴ気質）であるように思います。この気質は、人より快楽刺激に反応しやすく、その刺激のとりこになるとその刺激にどっぷり浸り、抜け出すことができにくいという特徴を持っています。

その**刺激の対象が仕事だったり、芸術、研究、物づくり、スポーツであったりすれば、新奇探求心と並外れた集中力をベースに優れた成果を生み出すことができるのですが、ちょっとだけ方向がずれてギャンブルにはまると、息子さんのように不幸を呼ぶことにもなりかねない**のです」

「パチスロをやめることはできないのでしょうか？」

「簡単ではないでしょう。息子さんのレベルになると**ギャンブル依存症の領域**に踏み込んでいると考えられます。そうなると、やめたくても自分だけの意志では抑制できないのです。知らず知らずのうちに快楽刺激を求めて、パチスロの前にいるという状況だろうと思います」

「何としても息子を救いたいのです。何か一つでもアドバイスをください」

「一つは、**本人がギャンブル依存症の人たちの集まりに参加すること**です。ギャンブル依存症は、一人でそこから抜け出すのは至難の業ですが、一緒に抜け出そうとする仲間たちがいれば抜け出すことも可能です。

やめようと思ってもつい身体が動いてしまい、依存を断ち切ることができない時に、頑張って抜け出した先輩たちの話や、必死で禁断症状と闘っている仲間たちの存在が、大きな励みになるのです。ただそのためには、**本人の、ギャンブル依存から抜け出そうとする意志が前提**となります」

「そうですよね」

「そして、**本人の意志を変えさせるには、まずお母さん自身の覚悟が必要**です」

「どんな覚悟でしょうか？」

「これを機会に**母子依存を断ち切る覚悟**です。これ以上、息子さんの後始末をしてあげてはいけないのです。心を鬼にして手を放す必要があります。**見放せということではありません。小さな子どものように手をかけるなということ**なのです」

「……」

「お母さんには、**『今後一切経済的な支援をしない！』という、母子分離宣言**をしていただかねばなりません。ただし、これが今までと同じように**言葉だけで終わってしまうと、息子さんは、『母親はああは言っても最後は面倒見てくれる』と、高をくってしまい、さらに状況を悪化させることになりかねません**」

「……」

「ここは親子にとっての正念場だと思います」

「おっしゃることはわかりましたが、今ひとつ自信がありません」

「正直なお答えでいいと思います。それでは、**あまりお勧めできない究極の選択ですが、**もう一つの方法をお話します」

「ぜひ、お願いします！」

「それは、**パチスロを徹底して研究分析して、パチスロのプロを目指すこと**です」

「ええっ！」

「息子さんが、五感力が豊かなスペシャルタレントだとすると、人にない動体視力の持ち主である可能性があります」

「動体視力ですか？」

「ええ、動体視力は、スピードのある物の動きを確実にとらえる力です。一流のアスリートの多くが優れた動体視力の持ち主です。パチスロのプロと呼ばれる人たちも、同じような能力の持ち主だと思っています。そんなプロたちと、パチスロの確率を研究したり攻略方法を交流し合ったりすることで、負けない力を身につけるのです」

「そんなことが可能なのでしょうか？」

「この気質の人たちは、『やめろ！　やめろ！』と言われれば言われるほど、意固地《いこじ》になってのめりこむ傾向があります。**『どうせやるならプロを目指せ！』と応援してあげたらどうでしょうか**」

「逆療法というわけですね」

「そうです。新奇探求心と類まれなる集中力があれば、もともとゲームの才能がおありのようですから、プロの道も決して不可能ではないと思います。**小さい頃のゲームへの思い残しが解消されたら、新しい道もまた見つかる**かもしれません」

４　切り替える力の弱い三〇代の母親

「三十二歳の妻が

解決ポイント

◆本人のギャンブル依存から抜け出す意志を固めるために、母子依存の関係を断ち切り、子どものように手をかけることをやめる

◆逆療法的にパチスロのプロを目指すように支援してあげるのも一つの方法

うつになって、入退院を繰り返しています」

「最初の入院はいつ頃でしょうか？」

「私と結婚する直前です」

「マリッジブルーですか？」

「それに近いです。**私の母親が結婚に反対して、彼女の人格を傷つけるような発言を繰り返したことにショックを受けまして……**」

「どんなことを言われたんですか？」

「『この人は人の目を見て話をしない。コミュニケーションに問題がある！』と、直接罵倒《ばとう》したのです」

「ちょっときつい発言ですが、実際にそういう面があったんですか？」

「まあ、そうですね。**あんまり口数が多いほうではありませんでしたし、伏し目がちに話す傾向はありました。私は、私の母親が口うるさい人だったものですから、返ってそんな控えめなところに魅かれたんですが……**」

「その口うるさいお母さんは、彼女の控えめなところがお気に召さなかったんですね」

「はい、**こんな人を家に入れるわけにはいかないと、親戚中を巻き込んで騒ぎ立てて……。それで妻が自殺未遂を引き起こしてしまったんです。**それで入院することになりまして……」

「それでも結婚なさったんですね」

「はい、こちら側に原因はありますし、私も結婚適齢期をはるかに超えていたので必死でした。何とか結婚までこぎつけたんですが、**生まれた娘が夜泣きは激しいし、お乳は吸わないしで、精神的に参ってしまって、二度ほど短期で入院しました。**

子どものことだけなら何とかなったかもしれませんが、母親がまた、**『子育て能力がない！』と責め立てて、娘を引きはがそうとしたものですから、症状が悪化してしまった**んです」

「お母さんとは同居だったんですか？」

「はい、私を産んですぐに父と離婚し、母ひとり子ひとりだったものですから、母を置いて家を出ることができなかったんです」

「そうですか」

「私も母の気性の激しさはわかっていましたが、これほどとは思っていませんでした」

「一人息子を奪われたように感じ、その最愛の息子を奪った奥さんへの憎しみが募ったのかもしれませんね」

「妻のやることのすべてが許せないらしく、妻の弱点をこれでもかこれでもかと責め立てるんです」

「それでは奥さんもたまりませんね」

「はい、それで**私も妻と娘を連れて家を出たんですが、娘が三歳児健診で言葉の出が遅いと指摘されたことで落ち込んでしまい、娘の世話ができなくなってしまいました。それで母の助けを借りたら、今度は妻の入院中に娘を自分の家に連れて帰ってしまったのです。そして、『もう、あの嫁には大事な孫の養育を任せてはおけない！』と言って、娘を囲い込んでしまいました。**

そのせいで、退院してきた妻の病状がぶり返してしまったというのが現状なんです」

「よくわかりました。奥さんは、とても誠実でピュアな方だと思います。ただ、こうあらねばならないという完璧主義が強くはありませんか？」

「そうです。**何でも人任せにできず、徹底してやろうとします**」

「その代わり、何かでつまずくと切り替えができずに、負のスパイラルにはまりやすいのだと思います。そして、そんな自分を責め続けることによって、うつを引き起こしてしまうのでしょう。

頑張り屋で融通が利かないために、手を抜くことができないのです。『まあ、いいか！』と、自分に言い聞かせ、ほどほどということができにくいのだと思います」

「そうかもしれません」

「そのうえ、人に比べてストレス耐性が弱いと考えられます。半分以下かもしれません。そのために、**お母さんに批判されないように何でも完璧にこなそうとしてストレスキャパシティーをあっという間にオーバーしてしまう**のではないでしょうか」

「これからどうすれば、私たちの家族は救われますか？」

「まず、奥さんにとっての**最大のストレッサーであるお母さんと離れて暮らすこと**を第一に考えてください。**お母さんは、攻撃的なジャイアン型コミュニケーションの持**

ち主だと感じますし、奥さんには逆に、逃避的で自己表現力の弱いのび太型コミュニケーションの存在を強く感じます」

「ジャイアンとのび太？」

「そうです。ジャイアンとのび太では、ジャイアンの攻撃的で支配的な言動に、のび太では太刀打ちできません。

ジャイアンであるお母さんに一方的に責められ気持ちの休まることはありません。どんなに頑張ってもお母さんは足りないところを見つけ出して攻撃を仕掛けるでしょう。となると、一生うつから抜け出すことは不可能になってしまいます」

「ええ」

「奥さんはのび太型のスペシャルタレントで、お母さんはジャイアン型のスペシャルタレントだと思います」

「スペシャルタレント？」

「はい、五感力が豊かで、どちらも優れた才能の持ち主だと思います。奥さんと出会った頃、楽しそうにしてらっしゃるのはどんな時でしたか？」

「絵を描いている時でしょうか。あの画家のいわさきちひろのような優しい絵です。**文章も書き溜めていたようで、将来は絵本を出したいと言っていたことがあります。**

結婚してからは、子ども服のデザイン画なんかを母親に隠れて描いていました」

「奥さんは、人にない優れた五感力とクリエイティブな才能をお持ちのようです。この**得意分野にチャレンジすることで、自分に対する肯定的な感情を少しずつ回復させていって**ほしいと思います。

楽しいことに出会うと、脳内伝達物質であるセロトニンが分泌します。このセロトニンはハッピーホルモンとも呼ばれ、人の弱った心に灯をともしてくれるのです。そして、それが繰り返されていくと、空っぽになった心身のチャージ率が回復し始めていきます。

そして、**『まあ、いいか！』という気持ちの切り替えも上手になり、めげない心が育ち、うつに追い込まれないようになる**のです」

「得意なところを伸ばせばいいということですね」

「はい、今からでも決して遅くはありません。ぜひ、サポートしてあげてください」

「わかりました。で、母親にはどう接したらいいでしょうか？」

「お母さんは、ジャイアン型のスペシャルタレントで、本来的には異才の持ち主だと思います。ただ、あなたを育てるのに必死で、自分の興味・関心のすべてをあなたに注いできたために、異才が埋もれてしまっているような気がします。**関心の対象をあなたの家族から、自分自身がやり残したと感じているクリエイティブな領域に転換されるようアドバイスしてみてください。**

なかなか大変かと思いますが、お母さんもあなたの家族もみんなが幸せになるためには、この方法しかありません。粘り強くアプローチし続けてください」

解決ポイント

◆奥さんがお母さんから離れたところで暮らせるようにする

◆奥さんの得意とするクリエイティブな分野にチャレンジできるようにサポートする

◆お母さんにもクリエイティブな領域に取り組んでもらうようにし、関心の対象を家族から別のことに転換させる

5　子どもと遊べない三〇代の父親

「三歳になる子どもと関わることのできない夫に困っています」

「どのような感じなのですか？」

「休みの日は自分の部屋にこもって、好きなプラモデルづくりかゲームをして、子どもと遊んでほしいといくら頼んでも、子どもを無視してしまいます」

「どんな仕事をなさっているのですか?」

「IT関係のシステムエンジニアです」

「仕事ぶりはいかがなんでしょうか?」

「仕事では評価されているようです。自分の得意分野ですし、わりかし自由に仕事をさせてもらっているると聞いています」

「それは何よりですね。子どもと関われないということ以外に、家庭でお困りのことがありますか?」

「そうですね。**夫婦の会話がないというか、少ないですね。**でも細かいことは言わないので、楽って言えば楽ですが……。家族って感じではありません。**宇宙人が一人紛《まぎ》れ込んでいるという感じ**ですかね」

「宇宙人ですか?」

「はいそうです。何も言わずに帰ってきて、いつの間にか自分の部屋に行き、自分の好きなことをやっているんですから、宇宙人みたいなもんでしょう」

「ずっとそうですか?」

「はい、**結婚前のデートはほとんどゲームセンターで、彼がゲームに熱中している間、私はそばでずっと本を読んでいました**」

「不思議なデートですね」

「子どもができるまでは、お互いの好きな空間に身を置き合って、あまり干渉し合わない関係が心地よかったんですけど、子どもができたらそうはいかないじゃないですか。家事はともかくとして、子どもが泣き叫ぶ時ぐらいは抱っこしてあやしてほしいし、時には外に連れ出したり、一緒に遊んだりしてほしいと思いますよね？」

「そうですね」

「その最低限のことをしてもらえなかったのです」

「きっと、その時その時で、どう振舞っていいのかわからないのでしょうね。**視覚モデルがないと行動できない人がいます。お手本があったり、一度やったことはできるようになるのですが、最初のことは、戸惑いが先に立って行動に移せないのです。**

状況に応じて空気を読み、その場のニーズに対して臨機応変に振舞うことは、ご主人にとって最も苦手な領域だと思います。

時間と場所、そして遊びの内容も事前に取り決めて、パターン化・システム化すると動けるかもしれません」

「やっかいですね」

「本人にとって、子どもと遊ぶことは興味・関心外の世界なので、**最初の一歩の踏み出し方を一緒に考え、そしてその一歩を最大限評価してあげる**ことです。

『とても助かる!』『ありがたい!』などなど、セロトニンが分泌するよう声をかけてください」

「子ども以上に手がかかりますね」

「興味・関心に偏りがあるので、ご主人にとっては家事や育児はモチベーションが湧いてこないのです。関心のないことにはできるだけ関わりたくないし、関わろうとしても不安がつきまといます。**ご主人は視覚優位タイプのようですので、視覚的に要望を伝えると効果的だと思います**」

「例えば?」

「**保父さんのやり方をビデオで観るとか、ユーチューブでイクメンのやり方を検索してそのとおり真似てみるとか、お母さんのやり方を同じようにやってみるとか**」

「それはいいかも」

「人間には、得意な世界と苦手な世界があります。ご主人はITシステムエンジニアとしての仕事は得意だけど、子どものニーズを察知しながら臨機応変に対応しなければならない子どもの世話や遊び相手は、最も不得意な分野だと言えるでしょう。**不得意な分野での弱さを克服することを強いられた場合、ストレスで心身のバランスを崩すことにもなりかねません**」

「それでは困ります」

「こんなふうに考えられたらいかがでしょうか。**ご主人には大いに仕事で稼いでもらって、子どもの遊び相手は、お金を払って外部からサポーターを雇うとか、ボーイスカウトのような野外活動に参加させるとか、ご主人の不得意分野をカバーするという発想の転換も大事**だと思います」

「発想を変えてみるんですね？」

「はい、**ご主人にあれもこれもとバランスのとれた家庭経営能力を期待するのは、ややハードルが高いような気がします。ストレスをためて心身を病んだのでは、家庭崩壊にもつながりかねません**」

「そうですね」

「まずは**ご主人の気質を受け止めて、ご夫婦でご主人の取扱説明書（トリセツ）を作っていただくことをお勧めします。**そうすれば、ご主人ができないことにイライラせず、ぶつかることも少なくなると思います」

「**期待しすぎていたんですね。出会った頃のような距離感を忘れていました**」

「はい、決して悪意で怠けていたり、さぼっているわけではないのです。空気を読み、相手のニーズに合わせて行動することが苦手なのです。

どうしてもしてほしいことがあれば、〝してみせて〟〝共にしてみて〟〝させてみる〟という手順が欠かせません。できないことに腹を立てず、少しでもできたことを評価して、気長にご主人を育ててください」

「やっぱり子どもよりやっかいですけど、育ててみます」

解決ポイント

◆してほしいことを動画などの視覚的な具体例などで伝える

◆子どもの遊び相手を雇う、野外活動に参加してみるなど、外部にサポートしてもらうことも検討してみる

◆ご主人は悪意でそうしているわけではないということを理解し、夫婦でご主人の取扱説明書を作成する

6
家事のできない三〇代の妻

「妻が、家事ができません。食事づくりはなんとかやっていますが、整理整頓能力に欠けるため片づけができず、

家の中は足の踏み場もない状態です」

「結婚生活の最初からですか？」

「はい、結婚前に妻の母親から、家事能力がないので迷惑をかけるかもと聞いてはいたのですが、こんなにひどいとは思いもしませんでした」

「予想以上だったということですね」

「はい、子どもが生まれるまでは私が家事全般を引き受けていたんですが、子どもができてからは、離乳食づくりや身の周りの世話も増えてきたので、少しずつ分担しあってやろうと提案して取り組んでみようとしたのです。ところが、あまりにも失敗が多くてまかせられません。そのために本人は自信を失い、うつ傾向が強まって来てしまいました」

「奥さんは、仕事はなさっているのですか？」

「はい、**大学院まで出ているので知的レベルは高い**と思います」

「仕事ぶりはどうなんでしょうか？」

「**仕事はまじめに取り組み、それなりの成果を上げて評価されている**ようです」

「仕事場での整理整頓などはいかがなんでしょうねえ？」

「**自分の研究室は個室なので、彼女のペースで仕事ができる**ように、彼女なりのスタイルがあるんじゃないでしょうか」

「そうなのでしょうね。**奥さんの興味・関心は自分の研究にあり、それ以外のことには脳のエネルギーはほとんど分配されないのだと思います。**自分が必要とするものだけを、いつでも手にすることができる位置に配置され、周囲の人にとってはそれが雑然として足の踏み場もない状態であったとしても、それが落ち着ける空間であり、仕事がはかどる空間なのだと思います」

「とすると、彼女にとって家事育児は興味・関心外なのでしょうか？」

「オールオアナッシングの二分化思考の持ち主だとすれば、研究と家事育児のどちらに興味・関心があるかということで言うと、研究ということになるのかもしれません」

「やはり、そうなんですね」

「残念ながら、自分の興味・関心外のことについては、努力したり工夫したりするエネルギーが湧いてきません。努力しても達成感が得られず、人並み以上に上達できないのならば、努力するだけ無駄と脳が勝手に仕分けをしてしまうのです。**どうせやるなら完璧にこなせなければ自分を許すことができず、取り組んでみて勝者になれない領域には、最初から踏み込もうとしない**というのが、奥さんの特徴的な気質なのです」

「とすると、今後も家事・育児には期待できないということですか？」

「人間には、得意・不得意がはっきりしている人がいます。**不得意な分野を必死に人並みに近づけようとすると、大きなストレスがかかります、そしてそのストレスによって、心身の不調に陥ってしまう人も少なくありません。**

苦手な領域については、周りの人が助けてあげたり代わってあげたりできれば、それを防ぐことができると思います」

「というと、私がもっと妻の手足になれと？」

「いいえ、あなたはもう十分に頑張っておられると思います。ただ、**あなたも限界を感じておられるならば、使える資源を動員しましょう。**例えば、**双方の両親、特に母**

親の力を活用することがあってもいいでしょうし、経済的に余裕があれば、外部から家事・育児サポーターを雇うこともできます。あなたが仕事を辞めて、専業主夫にチャレンジするのもいいと思います」

「私が主夫ですか？」

「はい、女性は家事・育児ができて当たり前、整理・整頓・片づけもできて当然というバイアスを取り除いてみる必要があるかもしれません。

夫婦がお互いの得意を伸ばし合って、足りないところは外部の力に依存する。そんな柔軟なスタンスがあれば、奥さんが精神的に追い詰められることはなかっただろうと思います」

「……」

「奥さんのようなスペシャルタレント気質の人たちの中には、片づけが興味・関心外であるということと同時に、**脳の感度があまりにも過敏なために刺激に反応しやすく、片づけの途中で新たな刺激やひらめきに出会うと、その刺激やひらめきに取り込まれて、もともとの片づけ作業がおろそかになるということが起こりやすい**のです」

「それは注意力欠如ということですか？」

「注意力に欠けるというより、降って湧いてくる新たな刺激への過反応・過集中のた

めと考えたほうがいいと思います」

「妻も**片づけの途中で突然研究ノートを開いたり、パソコンで調べ物を始めたりしますね**」

「奥さんの脳は、興味・関心のあることには過反応・過集中しやすい構造を持っていると考えられます。そのために、**物を失くしたりケガをしやすかったりすることもあると思いますが、そのあるがままをまずは受け止めて**ください。アンバランスな能力の持ち主であるとの理解をベースに、**これくらいはできて当たり前という期待値・要求値を下げていただくことで、奥さんも家庭人としての自分に対する自己肯定感も回復していくと思います**」

解決ポイント

- **母親などの力を借りたり、家事・育児の作業を外部に頼んでみる。専業主夫も検討してみる**
- **奥さんはアンバランスな能力の持ち主であると理解し、女性だから家事・育児はこれくらいできて当たり前というような偏見をなくすようにする**

7 転職を繰り返す四〇代の夫

「夫がもう十回以上も転職を繰り返して困っています」

「それはちょっと多いですね。今おいくつですか？」

「四十八歳です」

「ご専門は？」

「**編集関係です**」

「転職の理由は？」

「**『職場の雰囲気が合わない』とか『やりたい仕事ではない』『与えられた仕事のレベルが低すぎる』**とか、いろいろです」

「そうですか。夫婦のコミュニケーションはどうですか？」

「**まったく会話になりません。何かたずねても『うるさい！』と言うばかりで、自分の部屋にこもってしまいます**」

「精神的に苦戦されている様子はありませんか？」

「**高校時代は一時的にうつで入院したことがある**と聞いています。結婚してからも何度かうつっぽいことはありましたが、**ときどき安定剤を飲むぐらいで重症化したことはありません**」

「それは幸いでしたね。ご主人に対して、こだわりの強さとか、白か黒かをはっきりさせずにはいられない二分化思考を感じられることがありますか？」

「はい、それはしょっちゅうです。**一日の生活がルーティン化されていて、毎日そのとおりに生活できないとイライラしてしまう**んです。朝起きる時間、食事の手順、洗顔の仕方などのすべてに彼なりのルールとシステムがあり、私の体調が悪くて食事の時間がずれたりすると、それはもう不機嫌で、子どもたちにも当たり散らします。**一度決めたことやシステムの途中変更はできません。とにかく、自分の決めたペースがあり、そのペースに相手が合わせることを要求します。**相手に合わせることができないのです」

「とすると、職場でも大変ですね？」

「そうだと思います。『あんな仕事は俺の仕事じゃない！』とか、『スタッフのレベルが低すぎる』『作家が若いくせに生意気だ！』などなど、常に周囲への不満を漏らしています。自分だけが能力があり、自分の能力を生かしきれない会社なんか、こちらからお断りだとうそぶいています」

「お聞きしたところでは、このご主人はＳＴ気質の持ち主のように思います。とても感性が豊かで、マイペース・マイルール・マイシステム・マイスペースが許される世界なら素晴らしい才能を発揮し、世の中を驚かせるような成果を生み出すことができますが、**自分の納得いくやり方で最後までやらせてもらわないと、不全感や失敗感・挫折感だけが蓄積され、ついには、精神的に病んだり、社会や周囲の人間に対して不**

信感を募らせて攻撃的になるのです」

「この頃は攻撃性が強まって、子どもがおびえ始めています」

「そうですか。きっと本人も辛いのだと思います。こういうご主人のようなタイプは企業社会には合わないのです。

ワンマンなトップとして組織を支配するか、一匹狼のスペシャリストとして生きていくか、このどちらかであれば存分に力を発揮することができます。きっとご主人は、まかされた仕事を一人でマイペースでこなしている時には幸せだと思いますが、チームの長として部下を育成しなければならなくなったり、チームプレイを要求されるとストレスをため込んでしまうのではないでしょうか。そうなると、そろそろ転職の時期だと感じるのだと思います。

転職は自分のメンタルを守るための防衛行動だと考えられます」

「転職は自分が壊れないために必要なことだと……」

「はい、この内なるセンサーを無視して仕事を続ければ、うつを引き起こすことになりかねません」

「じゃ、これからどうすればいいのでしょうか？」

「もう企業で働くことを考えずに、フリーで仕事をされたらいかがでしょうか。また は、起業されることがあってもいいかもしれません。

転職を繰り返す中で、知的財産の蓄積もあると思いますので、奥さんと一緒に会社を立ち上げられたら、ご主人の才能も開花するのではないでしょうか」

解決ポイント

◆転職は自分が壊れてしまわないための防衛行動なので止めてはいけない
◆会社勤めが合わないので、フリーランスとして仕事をするか起業するなどを考えてみる

8 DVを繰り返す四〇代の夫

「夫の言葉の暴力に傷ついています。もう限界です」

「どんなことをおっしゃるんですか？」

「一番多いのが、**『お前は生きてる資格がない！』『母親失格だ！』『死んだほうがいい！』**ですかね」

「それは、ひどいですね。いつ頃からですか？」

「結婚する前からコミュニケーションがかみ合わないなとは思ってたんです。**新婚旅行で一方的にキレられたこともあって、成田離婚も考えたんですが、その時にはもう子どもがお腹の中に入ってまして、子どもでもできれば少しは変わるかなと思って、結婚生活を続ける道を選ぶことにしました。**ですから、結婚前から言葉の暴力はあったといえばあったんですが、ここにきてひどくなってきました」

「何か理由でも？」

「はい、**一人息子が中学に入って、学校に行けなくなってしまった**んです。そのことに苛立《いらだ》ってしまって、気持ちの折り合いがつかないらしいんです」

「一人息子だけに、ショックも大きいかもしれませんね」

「はい、その気持ちは私も同じなのでわかるところもあるんですが、息子に放った一言がひどいんです。『お前は俺の人生にとって、みじんも必要のない存在だ！』って、怒鳴ったんですよ。それを聞いた息子はショックで震えだし、一晩中自分の部屋で泣いていました」

「それは、息子さんにとっては、**一生心の傷として残る言葉であり、たとえ父親であっ**

ても許されない言葉の暴力ですね」

「それからは、『いつか父親を殺してやる！』と言って、父親とは一切口をききませんし、近づこうともしません」

「そんな態度になったとしても、責めるわけにはいきませんよね」

「はい、それで父親に**『あまりにもむごい言葉だし、子どもに謝ってほしい！』と抗議したら、先に述べたような言葉が乱発されるようになってしまった**んです。『やめて！』と抗議するたびにエスカレートしています」

「物理的に手は出ないんですか？」

「**物を投げることはありますが、手は出しません。大学で教えているため、手を出したら自分が不利益を被ることがわかっているので、必死に踏みとどまっているのだと思います**」

「ここまで来ると、関係修復は難しいですかね？」

「**このまま夫の言葉の暴力が続いたら、息子が父親に反撃しそうなんです。**『あいつを絶対に許さない！』『お母さんのことは俺が守る！』と言って、インターネットで人の殴り方、打撃の与え方なんかを調べています」

「そうですか。とすると緊急事態ですね。**一時的に、ストレッサーである父親から引き離すしかないかもしれませんね。**一時的な預け場所はどこかありますか？」

「九州に私の両親が住んでいて、幼い頃はよく遊びに行ってかわいがってもらっていました」

「それはいいですね。具体的に動いてください」

「私も一緒に行ったほうがいいでしょうか？」

「それもあってもいいかもしれませんが、それにはある程度の覚悟が必要だと思います。ご主人の気質がオールオアナッシングの二分化思考だとすると、**全面的に自分に従うものは味方、少しでも思うようにならない存在は敵、とみなして攻撃しますので、奥さんが一時的にせよ息子さんと家を出た場合、自分より息子を優先したとして逆上して、離婚を言い出す可能性があります。**最終的にその覚悟がないと、一方的に追い出されるということも起きかねません」

「はい、**今回は離婚も視野に入れています。**私もかつては大学で教えていましたし、塾で教えてみないかというオファーもあるので、経済的には何とかなると思います」

「であれば、引き止めはしません」

「うちの人のような人が増えていると聞いていますが、どうなんでしょうか。私の友人たちも離婚したがっている人が多いです」

「確かに高学歴の人には多いタイプです。私は〝**三高ST父さん**〟と呼んでいます。**知的には優れたものを持っていますが、共感力や折り合いをつける力に弱さがあり、社会的には成功しても、家庭経営能力に欠ける人たち**が増えています。

高度専門職と呼ばれる大学教授・研究者・医者・弁護士・システムエンジニアと呼ばれる人たちには、私が名づけたスペシャルタレント気質（ST気質）を持つ人たちが少なくありません。そして、かつて〝**夫にするなら三高（高学歴・高収入・高身長）の人**〟**とあこがれられていた人たちに、DV夫の傾向が多いと感じています**」

「やはり、そうですか」

「数値化できたり、定量化できる自分の興味・関心のある領域については、無類の集中力を発揮し専門性を高めますが、人間関係という数値化・定量化できない領域については、興味が湧かないので力が蓄積できないのです」

「ええ」

「あくまで傾向ですが、そうした気質がお子さんにも影響することが多いのです。この気質の人たちは、思春期の複雑な人間関係につまずいて、不登校になることが少なくありません。**子どもさんのつまずきは、ご主人の気質を受け継いだ人間関係構築能**

力の弱さにあると推測されますが、このことへの気づきをご主人に求めることは容易ではありません。なぜなら、自分はつまずくこともなく人生の勝利者になったという強い自負があるからです」

「はい、すごくプライドが高いです」

「しかし、そのプライドの高さゆえに、妻と息子を同時に失う瀬戸際に立たされているわけですよね？」

「はい、でも夫にはまったくその危機感はありません」

「とすれば、事実を知らせていくしか方法はありません。この気質の父親たちは、攻めには強いが守りには弱いという特徴があります。**言葉ではなく書面で、奥さんの思いを命がけで伝えていけば、風穴が空いてくる可能性があると**思います」

「わかりました。離婚覚悟でぶつかってみたいと思います」

解決ポイント

◆非常事態を回避するため、まずは息子さんと父親とを引き離すようにする

◆口で言うのではなく書面にして、思いを命がけで伝えてみる

9 モンスターペアレントになる母親

「妻が学校と揉めていて、裁判を起こすと言って大変なんです」

「何が原因なんですか?」

「小学五年の息子がいじめにあっているらしいんです」

「どんないじめなんですか?」

「仲間はずしというんですか。**誰にも口をきいてもらえず、班会議にも参加させてもらえない**ということです」

「それはひどいですね」

「それが、**もともとは息子のほうがいじめの中心にいた**ようなんです。身体も大きいし、言葉も攻撃的でストレートなので、みんなが恐れていたんじゃないかと思います。それが**宿泊行事の時に緊張したのか、夜お漏らしをしてしまいまして、それがきっかけとなって立場が逆転して、はずされ始めた**ようです」

「そうですか。それはかわいそうでしたね。不登校にはなっていないんですか？」

「一時は『行きたくない！』って騒いでいましたが、**母親が『今休んだら、一生負け犬になってしまう。それでいいの！』と叱咤《しった》しまして、何とか学校には通っています**」

「心身症状は出ていませんか？」

「**毎朝、下痢するようです**」

「とすると、相当ストレスを感じているようですね？」

「はい、そうだと思います。私としては**子どもの命が一番なので休ませるように提案するのですが、妻はまったく受け入れようとはしません。**『学校には、子どもに安心・

安全な環境を用意する義務があるのにそれを怠っている』と言って、**学校に抗議し続けています**」

「要するに、いじめをなくすためのきめ細かな対応をしてほしいっていうことですね」

「はい、学校もそれなりに指導はしてくれているようですが、今回の問題の背景には、**長い間に蓄積した仲間たちの息子への反発があるので、なかなか改善されない**のです。

私も何度か校長先生にも会いましたが、周囲の保護者の反発もあって、今の担任の力量ではこれ以上を期待することは無理ではないかと思いました。**担任の先生も、妻への対応に参ってしまって休みも増えている**ようなんです」

「奥さんの発言が厳しいんですか？」

「はい、手厳しいですね。**もともとが弁護士を目指していたことがあるぐらいですから、法律知識は豊富ですし、納得がいかないことがあれば相手が誰であれ徹底的に追求します**」

「つるし上げに近い感じですか？」

「はい、**三時間ぐらいは平気で持論を展開します**」

「それはすごいエネルギーですね」

「はい、ですから私は一切反論しません。**少しでも反論しようものなら、自分の全人格を否定されたかのようにすさまじい勢いで反論してきます。**すり鉢でごまをすりつぶすかのように、すべてをすりつぶしてしまわないではいられないという感じで、怖くなることがあります」

「それは、それは……」

「**自分を受容してくれる味方には、面倒見はいいしサービス精神が豊富で尽くすんですが、いったん自分の思いとすれ違うと、徹底して遠ざけるし攻撃にも転じます。**息子の担任の先生も一時は良好な関係にあり、『息子のことをよく理解してくれている』とほめちぎっていたんですけどね」

「それが、一転して攻撃に転じたわけですね」

「はい」

「今までにも、このようなことはありましたか？」

「はい、私たちはマンションに住んでいるのですが、**上の階の生活音がうるさいと言ってたびたびトラブルになりました。幼稚園の父母会長をやった時には、ほかの役員たちとうまくいかずに、ストレスで頭髪が抜け落ちたことがあります。そして、そのい**

きさつを一方的にＳＮＳで発信したために、ますます人間関係が悪化してしまいました」

「オールオアナッシングの気質をお持ちのようですね」

「はい、そうだと思います。あいまいなことが許せず何でも白黒つけたがるんです。子どもの問題でも、申し入れてすぐに学校が動かないと許すことができなくなるのです。**すぐに目に見える結果が出ないと、イライラして攻撃性が高まる**ように思います」

「お聴きした内容で推測すると、息子さんと奥さんには同じ気質を感じます。私はスペシャルタレント気質（ＳＴ気質）と呼んでいるのですが、この気質の持ち主にとって大事なことは、こだわり・集中力・新奇探求心を得意分野に振り向けることができるかどうかということなのです。

　奥さんには、**今からでも弁護士を目指して勉強を再開してもらうとか、興味・関心を新しい自分探しに振り向けてもらうことが必要**だと思います」

「そうできるといいのですが……」

「奥さんのプライドを満たすには、自分の力がもっと周囲から認められ評価されるという承認欲求が充足される環境が不可欠なのです。

息子さんも同じように得意なものを探し、それに集中することで心の傷を癒すこと

ができると思います」

「親子で自分探しが必要なんですね」

「はい、ご家族で自分たちがＳＴ気質を持つ〝ＳＴ家族〟であることへの自己認知を深めていけば、**自分たちを〝ちょっと変わったおもしろい家族〟として、家族同士が本当の意味での応援団になれる**でしょう」

「はい」

「ご主人には、奥さんと息子さんの能力を肯定的に評価しながら、あきらめずにアプローチしていただきたいと思います。**ＳＴ気質の人たちには、言葉より活字を始めとする視覚的なアプローチが効果的だと思います**」

解決ポイント

◆自分の力が認められ評価されるような、奥さんのプライドを満たす得意分野を探し、そこにエネルギーを振り向けてもらう

◆息子さんにも同じように得意なものを探し、集中してもらう。奥さんと息子さんの能力を肯定的に評価しながら、活字や動画などの視覚的なアプローチを行う

10 自分を責め続ける夫

「子どもと夫のことで相談に来ました」

「親子の関係が悪いのですか？」

「いいえ、**息子が不登校になったのは自分のせいだと、夫が自分を責めて、体調を崩して布団から出られなくなってしまった**のです」

「それは、まじめなお父さんですね」

「はい、**何でも、うまくいかないのは自分のせいだと思い込んでしまう**のです」

「それは、ちょっとやっかいな性格ですね」

「はい、会社が傾き始めたのも、自分の海外プロジェクトが成果を上げることができなかったからだと自分を責め続けて、昨年日本に帰国したあたりから、負のスパイラルにはまってしまって……」

「その辺を、もう少し詳しくお話しいただけませんか」

「会社が新しいプロジェクトを展開するにあたって、責任者としてインドに派遣されたのです。ところが、本社の経営状態が思わしくなくなってきたことで、今度はその立て直しのために呼び戻されたのですが、結果としては思うようにいかず、その責任を感じて苦しんでいました。

そこへもってきて、一緒に帰国した中学二年の長男が、こちらの学校になじめずに不登校になりまして、それも、すべては自分のせいだと責任を背負ってしまいました。医師にかかったところ、統合失調症だと診断されました。

今朝は布団の中で、『俺は生きる価値のない人間だ、殺してくれ！』って叫んでいました」

「それは、ちょっと重症ですね」

「はい、私もこのところずっと、安定剤と眠剤が手放せません」

「ご主人は、若い頃から自責・自罰感情の強い方だったんですか？」

「そうですね。**物事を突きつめて考える人で、まじめで完璧主義なので、思うようにいかないことがあるとよく落ち込みましたね。そしてその落ち込みが長いのです。二人の息子も切り替える力が弱いところなど、よく似ています**」

「ご主人の専門は？」

「**橋脚の建築設計技師です**」

「高度な専門性をお持ちなんですね」

「はい、一応、理工系の大学院を出ています。とにかく家系的に頭はいいと思います。**兄弟みんな大学院を出ていますし、お父さんも大学の教授です。ただ、周囲との協調性には欠けているん**じゃないでしょうか」


「インドでの生活はどんな具合でしたか？」

「インドののんびりした気風が、夫も子どもも合ったんだと思いますが、それなりにインドの生活を楽しんでいました。私も周囲の目を気にする必要がないので、リラックスできて幸せでした」

「それが帰国して、生活が一変したのですね？」

「はい、住まいも一〇分の一以下のスペースになりましたし、向こうでは、子ども一人に二人のメイドがついていたものが、**何から何まで自分で処理しなければならなくなって、私自身がストレスでおかしくなってしまった**んですね。そうこうしているうち、**長男が学校でいじめに近い出来事にあって、学校へ行けなくなってしまい**ました。

そうしたら、**兄のことが大好きな小学五年の下の子まで、『お兄ちゃんを一人にして、自分だけ学校に行きたくない！』って言い出して、学校へ行かなくなってしまった**のです」

「わかるような気がしますね」

「それで夫は、『自分の判断が間違っていた。すべては俺の責任だ！』と自分を責め続けたあげく意識が錯乱し、救急車で運ばれてそのまま精神病院に入院させられてしまったのです。そして三か月で退院したものの状態は良くならず、布団から出られない状態です。どこからどう手をつけていいものやら……」

「お察しします。**そんな大変な状態の中で、なんとかしようと動き出されたあなたの前向きな姿勢に拍手を贈ります**」

「ありがとうございます」

「まず、最も大事なことを確認し合いましょう。それは、〝**家族四人の命がいまある**

こと〟です。ありがたいことだと思いませんか？」

「そうですね。まだ、命があるんですよね」

「ええ、**今あるものを見つけましょう。**不登校であっても、子どもたちは優しさを失ってはいない？」

「そうです。**二人とも、とても優しい子どもたちです**」

「**そしてあなたには、今の状況を改善して幸せを再生しようとする行動力と意志力がありますす**」

「ええ」

「**夫婦には信頼の絆がある**」

「はい」

「**ご主人も、子どもたちへあり余る愛情を持っていらっしゃる**」

「はい」

「それはよその家庭と比べても、**あなたの家族は、幸せになるための欠かせない資源をたくさん持ってらっしゃる**んじゃないでしょうか。決して不幸ではないことを確認しましょう」

「はい」

「それが確認できたら、**あなたの使う言葉を〝あしたあおうよ〟に切り替えましょう。**

あ……ありがとう！
し……幸せ！
た……楽しい！
あ……愛してる！
お……おかげさま！
う……うれしい！
よ……よかった！

そして、**笑顔を忘れないで**ください。そのうえで、**何が起きても『命まで取られる事はない！』と、口に出して開き直ってください。**そうすれば、家庭の中を支配している負の気分が、少しずつ明るいものに変わっていくはずです」

「はい」

「あなたの家族は、スペシャルタレント気質（ＳＴ気質）の持ち主のようです。まじめで一生懸命、そのうえで完璧主義であり、自分のペースが認められる肯定的環境では力を発揮できますが、否定的な場面では、切り替え力に弱さがあるのが特徴です。それゆえに、インドでのマイペースが許された環境から、日本の〝**普通同調圧力の強いスピードが要求される環境**〟に切り替えが必要になった時に、苦戦することになったのだと思います」

「そうだと思います」

「できることなら、あなたの家族は**もう一度海外で暮らせるのがベスト**だと思いますが、無理ならば、**ご主人は企業を離れて、自分のペースで仕事ができる環境を選ばれたほうがいい**のではないでしょうか」

「転職したほうがいいと?」

「ええ、ご主人が元気を取り戻すためにも必要なことだと思います。フリーランサーで仕事をされるのもいいですし、起業されてもいいと思います」

「はい」

「**子どもさんたちも、日本の学校に通うより、マイペースを認めてもらえるインターナショナルスクールかフリースクールのほうがお勧めです。**人とちょっと違う個性・グローバルな価値観などを大事にしてもらうことができれば、元気を回復できると思います」

「はい」

「ご主人は、子どもさんのことは大好きなんですよね？」

「はい、インドではしょっちゅう連れ立ってサイクリングしてました」

「それならば、お母さんも含めて四人でサイクリングに取り組んでみてください。陽ざしを浴びて風を切って走れば、五感力が刺激されてハッピーホルモンが分泌して、家族に笑顔が戻りますよ。しばらくは、**家族で楽しいこと、面白いことにチャレンジすることを優先課題の第一にしてください。**そうすることで、皆さんの折れた心が少しずつ癒されていくはずです」

解決ポイント

◆もう一度海外で暮らすのが一番の解決方法。家族で楽しいことや面白いことに取り組むようにする

◆ご主人は会社で働くのではなく、起業やフリーで仕事ができるようにする

◆子どもたちもインターナショナルスクールかフリースクールなどがお勧め

〈あとがき〉

本書で明らかにしたように、わが国では、五感力は豊かであるが人間関係能力に弱さがあるスペシャルタレントたちの多くが、普通同調圧力に押しつぶされて、内なる能力を発揮できずに苦戦しています。

しかし、海外に目を転じてみると、スペシャルタレントが生き生きと活躍している姿を目にすることができます。

つい先日も、国連で気候変動についての鋭いうったえを行ったグレタ・トゥーンベリさんは、自らをアスペルガーであり、白黒をはっきりさせたがる気質を持つことを自己開示していました。

私は彼女を、アスペルガーという否定的呼称ではなく、豊かな五感力、物事の本質を見抜く力、新奇探求心、稀代の行動力を併せ持つスペシャルタレントの代表としてリスペクトしています。

今まで、彼女を丸ごと受容し、応援してくれるドラえもんのような存在にたくさん出会えたことが、彼女をあの場に立たせる力となったのだと思います。

彼女の今後の活躍がますます楽しみでなりません。彼女の訴えは、必ず世界を変えると信じています。

わが国にも、グレタ・トゥーンベリさんに匹敵する才能を持ったスペシャルタレントがたくさん眠っています。

この本が、この眠っているスペシャルタレントたちの才能を目覚めさせるきっかけとなることを願ってやみません。

二〇二〇年　春を前にして

不登校・ニート・引きこもり
家族が変わるとき

2020 年 4 月 7 日　初版第 1 刷発行

著　者　　森　薫
発行者　　山口 教雄
発行所　　学びリンク株式会社
〒 102-0076　東京都千代田区五番町 10 番地　JBTV 五番町ビル 2F
TEL：03-5226-5256　FAX：03-5226-5257
ホームページ　http://manabilink.co.jp
ポータルサイト　https://www.stepup-school.net

印刷・製本　株式会社 シナノ パブリッシング プレス
表紙デザイン・イラスト　長谷川 晴香

乱丁・落丁本はお取替えします。定価はカバーに表示しています。